JN198845

ずれを
楽しむ
保育

子どもの思いが輝く

遊び・生活

宮里暁美・田島大輔・中村章啓 編集

「ずれ」を楽しむ保育
刊行にあたって

子どもが自分の思いを表すとき

　自分の思いを出して遊び込んでいる子どもとともに過ごすことは、保育者として最高の喜びです。そのとき、保育者がその遊びをどうにかしようと思わずにゆっくりその場に居続けると、「え？　そういう展開になるの？」という事態になって驚かされたり、「そういう発想は自分にはなかったな」と感心させられたり、という瞬間に出会えることもあるのです。

　それは、自分のなかに漠然とあった「遊びのカタチ」が粉々に砕かれた瞬間。その衝撃を味わいつつ、同時に、子どもの力に「ほほー」と感心してしまう瞬間でもあります。また、経験を重ねるなかで見えてくる感覚がわかってくると、子どもの動きに対して「お！　そう来ましたか」と思ってワクワクする、なんてことも起こるのです。

　私たちは、子どもの言葉や動き、発想に驚かされる瞬間を『「ずれ」に気づいた瞬間』と呼ぶことにしました。それは、保育者が思い描いていた「遊びの予想」と、その子自身が作り出す「遊びの現実」との間の「ずれ」です。

自分の思いを出しているからこそ「ずれ」が生まれる

　「ずれている」と聞くと、保育者として未熟で残念なことのように思われるかもしれませんが、私たちは、そんなことはないと思っています。逆に「ずれている」ことに気づけたということは、子どもの実態をとらえることができたということであり、価値のあることだと考えています。保育者の側に、「子どもの思いをとらえよう」という姿勢があったからこそ気づくことができたのです。そして、一人ひとりの子どもが、自分の思いをしっかり出せるように成長してきたからこそ、このような姿が出てきたと言うこともできるのです。もしも、子どもたちのすることが、すべて保育者の思い通り、予想した通りに展開するとしたら、そのほうが怖いと思いませんか。

保育者としての経験を重ねると、子どもたちの姿を予想できるようになりますが、子どもたちの反応が予想通りすぎたら、自分の保育を少し見直すときが来たと考えるといいと思います。子どもたちの動きを統制してしまっていないか、子どもたちは、自分の思いをのびのびと出すことができているだろうか、と。

　そのような意味で、保育者はいつも予想を超える子どもの動きを心待ちにするようでありたい、「ずれ」を楽しみにするようでありたいと思います。そこに、子どもたちの思いの表れがあり、保育の奥深い豊かさがあるのですから。

「ずれ」をおもしろがることから始まる保育

　これからの時代を切り開く子どもたちに求められる3つの資質・能力について、幼児期においては、「知識及び技能の基礎」「思考力、判断力、表現力等の基礎」「学びに向かう力、人間性等」が必要だと言われています。「知識及び技能の基礎」とは、「何を知っているか、何ができるか」ということ。「思考力、判断力、表現力等の基礎」とは、「知っていることやできることをどう使うか」ということ。最後の「学びに向かう力、人間性等」とは、「どのように社会・世界とかかわり、よりよい人生を送るか」ということです。

　これらの資質・能力は、子どもが身近な環境に自らかかわり、力を発揮する体験のなかで培われていきます。園生活のさまざまな場面で、いろいろに感じ、考え、やってみるなかで、ゆっくり、そしてしっかり育まれていくものだと考えます。だからこそ、保育者は、子どもの思いがけないアイデアや夢に出会ったときに、そこで立ち止まり、新しい一歩を探していくようでありたいと考えます。

　「ずれ」をおもしろがることから始まる保育は、とても魅力的です。子どもと環境、保育者が応答的にかかわるなかで生まれる保育です。

「ずれ」に焦点を当てた3つの提案

　「ずれ」には積極的な意味があり、「ずれている」ことを自覚することは、子どもたちが生き生きと力を発揮する保育を実現するうえで重要な視点になると考え、『「ずれ」を楽しむ保育』を刊行することとしました。次の3冊です。保育が一味新しくなる、そんな視点を得る機会になれば、と願っています。

子どもの思いが輝く遊び・生活

　エピソードのなかには、子どもたちの着眼点や、そこに向き合い作り上げる保育の実際が描かれています。「子どもが動き出す保育の秘訣」について提案していきます。

少し変えたらおもしろくなる行事・環境・計画

　当たり前のように行っていた行事や環境について、「どうして？」という疑問符が生まれ、見直しをした実践例を紹介します。小さな違和感がきっかけとなり始まったことです。

見方がひろがる研修・学び合い

　子どもの思いをとらえられるようになると、保育は豊かに展開していきます。日々の保育を見直し、新しい観点を獲得できる研修や学び合いのあり方について、研修例を通して紹介します。

　3つの本は、「ずれ」を真ん中において、重なり合う関係にあります。どの1冊から読み始めても構いません。「これ！」と思うものから手に取ってください。

2024年9月
編者を代表して　宮里 暁美

はじめに
日常の遊びや生活場面を通じて

「ずれ」という言葉を聞くと、不安や恐れを感じることがあります。それは、周囲と異なることへの戸惑いではなく、保育において自分が大切な方向を見失うのでは？　という心配から来ているのかもしれません。

ある日、先輩保育者に「先生は何のために保育をしているの？」と問われたことがあります。思いがけない質問に、はっとして自分が子どもと向き合うことより、周りからの評価を気にしていたことに気づかされました。このことをきっかけにして、自分の保育への姿勢を見直すことになりました。

保育では、大人と子どもの感じ方や価値観は異なることも多く、それらが交差し、ときにはずれることもあります。この「ずれ」が保育の多様性を広げ、豊かな保育実践へとつながることに気づきました。「ずれること」そのものが新しい発見や成長の機会となるのです。

「ずれること」は必ずしもネガティブなことではなく、異なる視点や価値観に触れることで自分自身が成長するための大切なプロセスといえるでしょう。物事を「正しいか・間違っているか」ではなく、異なる視点や価値観に揺れ動く自分の感覚を大切にすることが重要です。ときには迷い、立ち止まり、新しい気づきが生まれることもあります。「ずれ」を恐れず、その過程で得られる学びや発見に目を向けることで、保育の質を高めていくことができるのではないでしょうか。

本書では、「ずれを楽しむ保育」をテーマに、どの園にでも起こり得る日常生活や遊びの場面におけるさまざまなずれに着目しています。子どもたちの遊びや生活は、予想外の展開や「ずれ」がしばしば起こります。そのずれをネガティブにとらえるのでなく、子どもたちの発想を、学びの広がりのチャンスとして受け止める柔軟な思考が大切になります。

ずれることを恐れず、許容して、日常の生活や遊びの視点の1つとして楽しむことにより、新しい発見や学びのきっかけになるのです。どの年齢でも、どの時間帯でも、それぞれが過ごし暮らす生活の中での「ずれ」を楽しみ、柔軟性と驚きの心をもって、子どもたちと一緒に豊かな保育を作り上げていきましょう。偶発的な出来事を、大人にとっても子どもにとっても学びのチャンスととらえ、柔軟に対応することで、子どもたちのいきいきとした姿を引き出すことができるでしょう。皆さんにとって、ずれを楽しむことが新しい視点を開くきっかけになればと願っています。

2024年9月

田島 大輔

CONTENTS

子どもは
保育者の想像を超えていく

子どもたちの思いや夢が輝く保育を目指して

1　子どもが始めたことに目をとめて

　夢中になって遊んでいる子どもたちを見ていると、いろいろなことに気づかされます。

　製作コーナーでじっくりと何かに取り組んでいる子ども（4歳児）がいました。何をしているのかな、と近づいてみたら、廃材を使って何かを作っているところでした。

　もう少し近づいたら、りんごなどの果物を段ボール箱に詰めて送る時に使われる緑色の紙製のパッキングを使って、人形の動物たちの帽子を作っていることがわかりました。お椀状の元の形をうまくいかして素敵な帽子を作っている様子を感心して見ていると、担任のS先生が「ねえ、すごいですよね」と話し始めました。廃材コーナーからこの材料を見つけてきて触っているうちに、作り始めたということでした。

　何かに使えるかもしれないモノたちが集まっている廃材コーナーにあった紙製のパッキングが帽子になるということを私は全く想像していなかったので、本当に驚きました。大人の想像を超えたことをやり始める子どもたちといると、このような場面に出くわして驚かされることがよくあります。

　保育学者の津守真は、

　　私は子どもが自分でし始めたことを大切にする。かたわらで経過を見る。それを生かして私も何かをする。（略）天国のよい種を育てるのには、子どもが始めたことをまず大事にし、肯定し、それを共に味わい、一緒に生きる、それが育つ場である。

（津守真・浜口順子編『新しく生きる――津守真と保育を語る』フレーベル館、2009年、p43）

と言っています。

　この言葉の底には、「子どもは自ら育つ」という信念があります。

　津守の言葉をさらに見ていくと、次の言葉に出会いました。

> 子どものすることにその子どもなりの理由があると信じて、私は保育をしてきた。そういう考えは子どもをわがままにする、しばしば言われた。だが、わがままにならないようにと考えるのではなく、違った感受性をもった子どもたちと地上でどうつきあうかを考えるのが保育ではないか。
>
> （同p46）

　ここでは「つきあう」という言葉が印象的です。子どもの思いに触れ、ときに驚かされながらも応答的にかかわっていくという姿勢が、「つきあう」ということではないでしょうか。「つきあう」は、指導する、助言する、というかかわり方とは違い、相手への共感が感じられる言葉です。相手がどのような状況かをわかろうとしながらかかわっていくことが、「つきあう」という姿勢だと考えます。この本のテーマである「ずれ」に気づくのも「つきあう」というスタンスで子どもにかかわっているときに起こりがちだと考えます。横並びで、心を開放している状態、それが「つきあう」であり「ずれ」に気づくチャンスなのだと思います。

2　子どものイメージと自分のイメージは同じじゃない！

　私が5歳児のクラス担任をしていた頃のこと、まだ保育者になりたての頃の思い出です。遊園地遠足の体験をもとにして、子どもたちと乗り物ごっこをしたことがありました。25名くらいのクラスでしたが、遊園地ごっこへの期待は高く、「コーヒーカップを作りたい」「ジェットコースターがいい」などの声が次々に上がりました。

　作りたいものへの夢が広がるなかで、2人の子が「観覧車が作りたい」と言いました。「それもいいね」と返しながらも、私の中には、「観覧車ってどうやって作るんだろう？」という疑問がありました。他の先生に相談しても、

「難しそうだね」という答えが返ってきます。「本当にどうやって作るんだろう？」という素朴な疑問を抱いたまま、子どもたちの活動は始まっていきました。

　段ボール箱を使って乗り物づくりが始まるなか、「観覧車を作る」と言った2人は、段ボール箱の中に入って遊んでいます。2人がやりたいことを知りたいと思い、「観覧車って、どういう乗り物なの？」と聞いてみました。すると、「屋根が四角いんだよ」「乗ったときに、ガチャンって閉める鍵がついていたよ」という答えが返ってきました。

　私の中にある観覧車のイメージは、支柱につながっていてぐるぐる回っているというもの（図1）でした。大掛かりなしかけで、再現することがとても難しいと思っていたのです。ところが、子どもたちの中にある「観覧車らしさ」は、「四角い屋根で、かんぬき型の鍵がついている」というもの（図2）だったのです。この2つならば、実現できそうに思えました。「そうだね。観覧車ってそうなっていたよね」と語り合い、子どもたちと一緒に材料を探しにいきながら、「あなたたちが作りたいと思った観覧車ってそういうことだったの」と私の心は驚きでいっぱいだったのです。

　段ボール箱に四角い屋根をつけ、扉にかんぬき風の鍵がついたら、「動くようにしたい」という声が上がりました。そこで台車をつけると、さっそく中に入って遊び出した子どもたちは、「ここに椅子がいる」「下のほうに空気穴があった」などと言いながら作り上げていきました。

　いろいろな乗り物が完成し、遊園地ごっこが始まりました。クルクル回るコーヒーカップのような乗り物と並んで、四角い形でかんぬき型の鍵がある観覧車は、お客さんたちからとても人気がありました。

　ずいぶん以前の実践ですが、ついこの間のことのように思い出します。観覧車を作りたい、という言葉を聞いたときに浮かんだ私の中のイメージと、子どもが考えていることとの間に大きな「ずれ」があることに気づくことができた出来事でした。この経験は私の心に深く残り、「子どものことは子どもに聞こう」と、心に決めた出来事でもありました。

図1　保育者の頭の中に浮かんだ
　　　観覧車のイメージ

図2　子どもたちが形にしようとした
　　　観覧車のイメージ

3 子どもの声が聞こえてくるときって、どんなとき?

　子どもの思いと自分の考えとの間にある「ずれ」に気づくためには、子どもの声が聞こえてくることが必要だと思います。子どもの声を聞くということは、とても簡単なことのように見えますが、これがなかなか難しいのです。保育者の思いが強かったり、行事が迫ってきて時間に追われたりしていると、子どもの声が聞こえてこなくなるということを経験したことがある先生は少なくないのではないでしょうか。

　「子どもの声が聞こえてくる」のは、どのようなときだろう?と考えたときに、倉橋惣三の次の文章が心に浮かびました。少し長くなりますが、紹介します。

　　その人の味はうっかりしている時に出る。うっかりしている時に出る味でなくては、真にその人のもち味とはいえない。教育の一番のほんとうのところは、屢々、その人の持ち味によって行われる。まして、相手が、謂わば、最もいい意味で始終うっかりしている幼児たちである場合、我々のうっかりしている時が、如何に教育的に大切なはたらきをなしているかは考えらるる以上であろう。うっかりいう言葉、うっかりする動作、出あいがしらに、うっかり見せる顔。その時出る我々のもち味こそ……といって、いくらいいもち味の人でも、うっかりばかりしていてはなるい、といってまた、わがもち味をつつもうとして、うっかりしている時の全くないのも、つくろいにすぎよう。それでこそ、幼児教育はむつかしいものと、昔も今もいわれるのである。

　　(倉橋惣三『倉橋惣三文庫3 育ての心(上)』フレーベル館、2008年、p37「うっかりしている時」)

　倉橋惣三の「その人の味はうっかりしている時に出る」という言葉を噛み締めます。うっかりしているときに出るのがその人の持ち味であり、教育の一番ほんとうのところは、その人の持ち味によって行われる、というのです。面白い意見だと思いませんか。

　「うっかり」って、どういう状態のことをいうのでしょうか。自分が素になった状態、気が抜けている状態、リラックスしている状態でしょうか。肩に力が入っていない状態のようにも思います。「うっかり」という言葉について

考えていたら、「隙」という言葉が浮かんできました。ふっと立ち止まったとき、椅子に座っているとき、なんとなくぼんやりしているとき、そんな「隙」がある状態のときに、見えないものが見えてくる、聞こえないものが聞こえてくるように思います。

「うっかり」や「隙」と聞くと、マイナスな言葉のように思えるかもしれませんが、実は、とても重要な状態なのだと思います。小さなつぶやきに耳を傾けていると、そこから「その子の世界」が見えてきます。保育者が、自分の中に「隙間」や「余白」を作っていること、それがとても大切だと思います。

倉橋は「持ち味」と言う言葉も出しています。「うっかり」したときにのぞく顔に、その人らしさがあらわれる、それが「持ち味」であり、教育の本当のところは、その人の持ち味によって行われる、というのです。これもまた興味深い指摘だと思いませんか？　自分の持ち味って何だろう？　という興味も湧いてきます。

4 自分の中に「スキマ」を作ったから 見えてきたこと、聞こえてきたこと

「うっかり」や「持ち味」など、子どもの声が聞こえてくるときの状況について考えてみました。そんなふうにして自分の中に「スキマ」を作って子どものそばにいたら見えてきたエピソードを2つ紹介します。子どもの姿に驚かされて、自分の思いとの「ずれ」に気づかされたエピソードです。

エピソード❶
砂を袋いっぱいに入れたA児の姿から見えてくること（2歳児）

❶袋いっぱいに砂を入れ続けるA児

冬のある日、2歳児クラスのA児が、薄いビニル袋に砂を入れていました。袋が砂でいっぱいになるくらいに、ひたすら砂を入れ続けていました。A児は何かをやり始めると、すごい集中力でやり続け、そうなると、誰の手も借りずやり通すことがよくありました。

このときも黙々と砂を入れ続け、自分でも満足する量を入れ終えたのか、「よし！」という感じに袋を持ち上げました。とこ

ろが、その瞬間手が滑って袋が下に落ち、砂が半分ほど袋から出てしまいました。

　私は、少し離れたところでA児の様子を見ていたので、思わず「あー！」と声を漏らしてしまいました。あれだけ頑張ったのになあ、という気持ちから出た一言でした。ところが、その後に、A児がとった行動を見て、私はもう一度「あー！」と言うことになります。

❷半分残った砂を全部出してからやり直す

　A児の手に残ったのは、砂が半分出てしまったビニル袋でした。半分こぼれてしまったとはいえかなりの量の砂が袋の中に残っていたので、そのまま砂を入れ足していくのかな、と見ていましたが、A児の行動は違っていました。ビニル袋を逆さまにして、すべての砂を出してしまったのです。そして、何事もなかったかのような雰囲気で、先ほどと同じように砂を入れ始めたのです。その様子をそばで見ていたH先生は、少し笑いながら「そうよね。Aちゃんは、そうするよね」とつぶやきました。その後A児は、長い時間をかけて砂を入れ続けていました。

事例から考えたこと

　私だったら残った砂をそのままに残して入れ続けたと思います。だからこそ、目の前の子どもがしたことと自分ならこうしていた、と思うこととの間のずれがおもしろくて、「子どもって」と考えるきっかけになりました。

　A児はものすごい集中力でビニル袋いっぱいに砂を入れていました。それだけに、半分近い砂がこぼれたときの落胆は大きいだろうと予想していましたが、A児は、驚くほど淡々とこの事態を受け止め、半分残った砂も袋から出した上で一から砂を入れ直していました。

　A児の姿からは、「子どもにとって遊びとは何か？」という問いへの答えが聞こえてくるようです。自分が思い描いたイメージを実現していくために砂を入れている、だからこそ、半分残った砂のところに足していくのではダメだったのかもしれません。

　子どもの姿に驚かされながらそこにその子の思いを感じる、それはとても楽しい保育の瞬間です。そんなことがあると、子どものすることをもっとよ

く見て、よく聞いてみたくなります。未知の世界を覗くようなワクワクした気持ちで。

エピソード❷
子どもたちが作りたかった水族館

❶水族館を作り始めた子どもたち

　5歳児の子どもたちが水族館を作り始めたときのエピソードです。私はクラス担任ではありませんでしたが、自由な立場で保育に参加させてもらっていたので、この子たちのそばにいて材料を探したり、形を作ったりするところを手伝っていました。私自身も水族館が好きでしたし、そこで作り出されるものに興味があったので、少し張り切った気持ちでそばにいました。

　青いビニル袋を段ボールに貼って水槽を作るところまでは、子どもたちの思いがよくわかり、ちょうどいい感じのビニル袋や段ボール箱を探し、道具を用意する手伝いをしていました。

　そのようにして、ちょうどいい感じの水槽ができて、さあ、いよいよ水族館ができていく、と期待して見ていると、なんと、子どもたちは、いろいろな魚のフィギュアを持ってきて遊び始めたのです。私は、この後はいろいろな魚を作る、と思い込んでいたので、「え？　魚を作らないの？」「これで終わり？」とたくさんの「？」が浮かんだのです（図3）。

　今、思い返してみると、私の中には「子どもたちが作り上げる水族館」の理想像がはっきりとあったために大きなずれを感じてしまったのかもしれません。「魚を作ったら」とつぶやいてみても、子どもの思いとは重なりませんでした。「こういうときは、子どもに任せるに限る」とその場を離れて様子を見ることにしました

図3 「えっ？　どうするつもり？？？」

❷子どもたちが実現した世界

　そしてしばらく経った頃に、「先生、懐中電灯ってある？」と聞かれたのです。「懐中電灯ならあったと思うけれど」と答えると、「よかった！　一つ、ちょうだい」と言われました。

「水族館に懐中電灯が必要」という予想外の子どもの声に驚きながら、懐中電灯を探し出して「はい」と渡すと、子どもたちは「これこれ！」ととても喜びました。子どもたちのなかには、「実現したいイメージ」がはっきりとあって、そのために必要なアイテムとして懐中電灯を欲しがったのでした。

懐中電灯を手に入れた子どもたちが実現した世界が、右の写真です。「深海魚の世界」でした。

懐中電灯が深海の雰囲気を作る

青いビニル袋を段ボールの枠に貼り、下には、青や水色の画用紙を敷いています。濃い青色の紙の上に、不思議な生き物のフィギュアを置き、そこに、高いところから光を当てていました。

その様子を興味深く見つめているのは、3歳児の子どもたちです。この子たちの目線で見ていると、上から一筋の光が差し込み、一番底のところに、光の丸い輪ができていて、「それはまさに深海魚の世界だ」と驚かされました。

事例から考えたこと

保育の経験を重ねていくと、子どもたちの遊びの展開について、予想できることが増えていきます。遊びは子どもたちが作り上げるもの、という原則を十分理解しているつもりでも、「こんなこともできる」「こうしたらもっとよくなる」など、子どもたちに伝えたくなることが出てきてしまいがちです。このときも、子どもたちが、魚類のフィギュア人形を持ち込んで遊び始めたときには、「え？　そうなの？」という疑問符に包まれましたが、そういうときは子どもに任せて深追いしないと思っていたので、その場を離れていたら、「懐中電灯が欲しい」という要望を得ることができたのです。このタイミングも大事だったと思います。

懐中電灯を手に入れたことで実現できた深海魚の世界は、とても美しいものでした。光の効果は絶大でした。それは、自分の中には浮かんでいなかった像でした。自分の中にあった「水族館」のイメージと、この子どもたちが作り出した「水族館」の世界は、大きく食い違っていました。まさに、ずれていたのです。子どもたちの力に驚かされ、感心する瞬間があるから、保育は本当におもしろい、と思うのです。

5 「驚く心」をいつも新鮮に保ち続けて

　子どものそばにいて、子どもの姿に驚かされる喜びについて話してきました。それが、保育の醍醐味ではないかと考えます。その思いの根っこには、やはり倉橋惣三の言葉があります。「驚く心」です。子どもたちの姿に触れ、驚きの心をもって接していく大切さが伝わってくる名文です。以下に、引用します。

> **驚く心**
>
> おや　こんなところに　芽が　ふいている。畠には、小さな豆の若葉が、えらい勢いで土の塊を持ち上げている。
>
> 藪には　固い地面をひび割らせて、ぐんぐんと筍が突き出してくる。伸びていく蔓のなんという速さだ。竹になる勢いのなんというすさまじさ。
>
> おやこの子に　こんなちからが………
>
> あっ　あの子に　そんな力が………
>
> 驚く人であることに於いて、教育者は詩人と同じだ。驚く心が失せた時　詞も教育も　形だけが美しい殻になる。
>
> （倉橋惣三『倉橋惣三文庫3 育ての心（上）』フレーベル館、2008年、p32「驚く心」）

　「驚く人であることに於いて、教育者は詩人と同じだ」という言葉が、私の心の深いところに突き刺さります。「詩人」とは、どのような人でしょうか。詩とは、「文学の様式の一。自然や人事などから受ける感興・感動を、リズムをもつ言語形式で表現したもの」（デジタル大辞泉）といいます。つまり、その始まりに「驚き」があるのです。

　詩人とは、表面的な意味にとどまらず、そこから受けた感動を何らかのかたちで表す人、ということができるのではないでしょうか。詩を読む私たちは、生み出された作品と出会うことから、感動を追体験し、新しい世界と生きることができます。そのような魅力的な存在である「詩人」と教育者は同じだ、と言われてうれしい気持ちになります。

　倉橋がそのように言う前提に「驚く人であることに於いて」という言葉があることを肝に銘じて、日々接する子どもたちの姿に驚く保育者であり続けたいと願います。

6 「子どもの思いが輝く遊び・生活」に込めた思い

　「ずれ」をマイナスなことと考え、「ずれ」が起こらないように、と保育を進めていくのではなく、子どもが生き生きと活動しているからこそさまざまな「ずれ」が生じたのであり、それはとても大切なことだとプラスにとらえる視点がとても大切です。「ずれ」に気づき、保育者がそこで立ち止まることで、遊びは飛躍的におもしろくなっていきます。

　「ずれ」は、子どもの思いがさらに発揮されるチャンスととらえ、その思いが広がるように、という願いを込めて『ずれを楽しむ保育』を3つの観点から作成しました。その中の一つ、『子どもの思いが輝く遊び・生活』では、「ずれ」をおもしろがっているエピソードをたくさん紹介しています。ここで伝えたかったことは、柔軟性・驚く心・愛おしさです。

　「柔軟性」とは、心と体の柔らかさです。思いがけないことをやり始める子どものそばにいるときに、とても必要なあり方です。紹介されたエピソードを読み進めながら、自分の中の価値観や保育とはこういうもの、という固定観念の枠をググーンと広げていただけたら、と思います。

　「驚く心」は、「ずれ」を楽しむうえで欠かすことができないあり方です。日頃から心がけることで、驚きやすい自分になることができます。大人は、すでに多くの経験をしていますが、子どもといるときは、これまでの経験を横に置いて初めての気持ちになって過ごしてみると、心から驚ける自分になることができます。

　最後に「愛おしさ」です。子どもの声が聞こえてきて子どもの姿が見えてくると、「ほほー」と感心させられたり、ときには感動させられたりします。子どもたちの思いに触れることができると、そこに、かけがえのない「その子」が立ち現れてきて、心震えます。保育とはそのように、かけがえのない日々ですが、その底に流れているのは、「愛おしさ」「おかしみ」のようにも思います。子どもたちの目の付け所に感心させられながら思わず微笑んでしまうとき、それが保育者としての幸せを実感するときだと思うのです。

偶然の発見と
子どもたちの発想を尊重するには

1 空を向いた蛇口に象徴されるもの

　野中こども園の園庭から北に目を向けると、富士山の雄大な姿が飛び込んできます。見上げているのは南側の斜面なので、秋から春にかけては、天候によって毎日のように雪化粧が濃くなったり薄くなったりするのを観察することができます。

　所在する富士宮市は、富士山の雪解け水に由来する湧水が豊富な地域です。野中こども園の園庭には農業用水路が通り、プールや園庭の水道は井戸水でまかなえています。水道代を気にする必要がないので、子どもたちの遊びに関しては水が使い放題です。季節を問わず、晴れて暖かな日には園庭のあちこちで水遊びが始まります。

　1・2歳児に特に人気なのが、吐水口を上向きにして噴水のように水を噴き出させる遊びです。慣れないうちは、ただ全開にして高く噴き上がるのを楽しむだけですが、何度も繰り返し遊んでいるうちに、水栓の開閉度と水の勢いの因果関係に気づきます。遠くにいるお友達や保育者に水をかける悪戯をしたり、近くの地面に置いたバケツにねらいを定めて注ぎ込んだり、子どもたちは思いつくままに試行錯誤を繰り返し、水や水道に親しんでいきます。その過程で、手首（上腕）の回旋の自在性や、手指の巧緻性も育まれていきます。

　活発な水遊びは、必然的に泥（泥水）遊びを誘発します。土や砂の種類や水

の含み方によって、泥の感触はさまざまに変化しますが、子どもたちは遊びを通して体感的にそれを学んでいきます。そうしたモノの性質に関する感覚は、やがて描画・工作・調理などへの興味にもつながっていきます。

　もちろん、子どもたちはバケツやジョウロ、ペットボトルなどを用いて水を運んだり、雨どいなどを使って水を導いたりすることもあります。しかし、水栓を開ければ勢いよく流れ出続ける水道は、水と親しむ機会を保障する設備として、ほかの道具にはない特別さを備えています。

　限りある資源を大切に扱うことは、もちろん大切です。野中こども園でもさまざまな遊びを通じて、道徳性や規範意識の芽生えにつながるような取り組みも行っています。しかし、乳幼児期にしかできないであろう経験として、すべての子どもが自由に使える水道と使い放題の水は何物にも代えがたい魅力があると感じられます。

　野中保育園（当時）の創始者・塩川豊子が掲げた理念に「汲み尽くすことの出来ない宝庫である大自然に挑む中で子ども達が育てられていく保育」があります。それを象徴するものの一つとして「空を向いた蛇口」があります。

2　遊び場の仲間と仲良しになろう

　これも塩川豊子が残した言葉の一つです。ここでいう「遊び場の仲間」とは、園庭の木々や草花、そこを訪れる虫や鳥や爬虫類などの小動物、そしてそれらを育む砂・土・泥・水・太陽のことです。6領域時代の指針から、領域「自然」に合わせて保育者・保護者にも理解しやすい平易な表現にしたと伝え聞いています。残された文章を読むと、現行の保育所保育指針でいうところの「自然との関わり・生命尊重」「数量や図形、標識や文字などへの関

心・感覚」「思考力の芽生え」などを包括したイメージを込めたスローガンだったことがわかります。

　実際に子どもたちは園庭環境を全身全霊で堪能しています。果実を収穫するために木に登ったり、草花を摘んでアクセサリーにしたり、昆虫やサワガニ・ザリガニ・トカゲ・ヤモリなどを捕まえては飼育を試みています。そうした取り組みは、こどもたちの「おもしろそう！」「やってみたい」という内発的動機づけを起点としているため、意欲の持続や創意工夫、協働のための対話などが惹き起こされやすい反面、期待通りには進まない難しさもあります。一生懸命木登りをしても、桑の実は思ったよりも集まらないかもしれませんし、食べてみたらおいしくないかもしれません。園庭で捕まえたヤモリが、子どもたちが集めてきた生餌をどうしても食べてくれなかったこともあります。

　「遊び場の仲間と仲良しになろう」とすると、想定通りには展開しないことが予想される取り組みが頻出します。そうした、当たり前にずれていくことを許容した保育の計画・実践を通じてしか出会えない学びの機会があると信じています。

3　毎日、アチコチで
　　ナニカが起きる

　3歳児がダイナミックな水遊びをしているそばで、2歳児が小さな発見と葛藤を体験していました。外水道から大量に流れ出る水は、園庭内を流れる用水路に流れ込んでいきます。そのしくみに気づいたRくんは、スコップであおぐようにして水の流れ方が変わるかどうかを実験していました。強くあおいだり、手を止めてみたりしながら、Rくんはグレーチング（用水路の格子状の蓋）越しに用水路を覗き込みます。自分の力加減と水量の相関に納得がいったような表情を浮かべます。

　そこに偶然、プリンカップが流れてきてス

ッポリと用水路に流れ込む穴をふさいでしまいます。でも、足元の濁った水がどんどんと深くなるため、Rくんはそれに気づきません。それまでよりも強く・早くスコップを動かしては用水路を覗き込みます。

　つい先ほど実験して確かめたばかりの「強くあおぐと水がたくさん流れ出てくる」という法則が崩れたので、とても不思議です。

　この経緯をずっと観察していたのは私だけです。クラス担任は少し離れた場所で他児を見守りながら、ときおりRくんの様子を見に来ていました。このとき、Rくんが不思議そうにアチコチを確認する姿と、私の何かを期待する表情をしばらく見比べてから、担任は身振りと表情で「何があったのですか？」と尋ねてきました。私は指差しと目配せで状況を説明します。私たちは、言葉によらないコミュニケーションだけで「Rくんが自分で気づくまで見守ろう」と相談を終えました。

　しかし結局、Rくんはプリンカップの存在に気づかぬままその場を立ち去り、別の遊びに移行していきました。私と担任が期待したような、発見と再確認のドラマはついに起こりませんでした。

　やはり、教えてあげたほうがよかったかな。私の胸中には、そうした揺らぎも去来します。私の存在がなければ、担任はRくんにプリンカップが原因であることを教えていたかもしれません。あるいは、私と担任の非言語コミュニケーションも、私だけが理解し合えたつもりの一方通行だったのかもしれません。

　Rくんが、水と用水路という環境にかかわった結果、発見した物理法則。一旦は理解できたと思えたそれが、プリンカップが流れ着くという偶然によってくつがえされます。Rくんが繰り返す探求と試行錯誤の姿から抱いた、「もう少しで自ら気づくかもしれない」という私の期待。しかし、それは実現

しませんでした。私と担任との明示的な確認を欠いたやり取りも、実は噛み合っていなかったのかもしれません。

　野中こども園の保育実践には、こうしたさまざまなずれや、想定外のできごと、期待とは裏腹な結果があふれています。それらを排除すべき失敗としてとらえるのではなく、当たり前に存在するものとして受け止め、子どもと大人がともに主体的に環境にかかわっていく過程を、より楽しく興味深いものとしていくスパイスとして大切にしています。

　そうした考えを背景にした、子どもと保育者のかかわりは、保護者の理解と協力に支えられて、長く曲がりくねったストーリーを紡ぐこともあります。次に、そんな事例を紹介します。

エピソード❶
園庭で野鳥の卵を拾った

❶卵の発見

　暖かい日が続き、園庭の樹木が色の濃い影を落とすようになってきた6月のある日、年長の男児が下生えに隠れるように小さな卵が2つ落ちているのを見つけました。初めて見つけた動物や植物は、危険かもしれないので手を触れずに大人に相談する約束になっていました。しかし、卵を発見したことによる興奮が約束を忘れさせてしまったのでしょう。彼は卵を大切そうに抱えて、事務所に飛び込んできました。

　その興奮は私をはじめ園長・主幹など事務所にいた大人たちにも瞬く間に伝染しました。きっと興味深い活動に発展していくぞという期待感と、間違いなくたくさんのトラブルも発生するだろうという予感が同時に去来します。しかし幸いなことに、そのどちらも楽しんでいこうとする風土が私たちの園にはありました。

　園庭の樹木や草むら・池などで、昆虫や小動物に触れることを日常にしているので、ときおり何かの卵を発見することがあります。また、ザリガニや

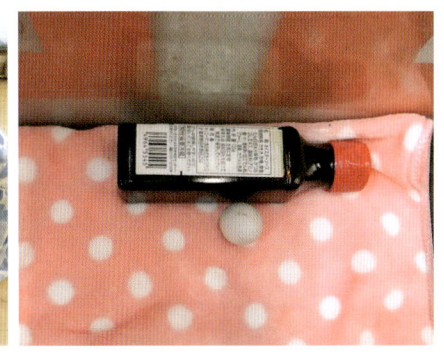

カブトムシなどを飼育していった結果、卵を孵し育てていく経験につながることもありました。しかし、野鳥の卵を園庭で発見するのはベテランの職員も含めて初めての経験で、対応は全くの手探りから始まりました。

年長児の担任、リーダーによるクラス部会を「おとなかいぎ」と呼ぶことにして、子どもたちによる話し合いを「こどもかいぎ」と名付けました。子どもたちには、「こどもかいぎで話し合って決めたことを、おとなかいぎでも話し合います。大人から見て危ないこと、難しいことは、変えてもらうお願いをするかもしれません」と説明しました。

職員の主な心配・不安は、保育者と子どもたちだけで無事に孵化させ、育てられるのかどうか、うまくいかなかったときに、子どもたちの心のケアが行き届くかどうかでした。

❷「育てたい」と「食べたい」

1回目のこどもかいぎでは「育てたい」派と「食べたい」派で熱心な議論が重ねられました。事前のおとなかいぎでは「育てたい」と「元の場所に返してあげる」の意見が主流になるのではと予想していましたが、大きく裏切られました。そうした意見が出てみれば、なるほど絵本『ぐりとぐら』の影響だろうか、と納得いく部分もありますが、当時は驚きました。

子どもたちの話し合いは「卵を孵して育てたい」という意見に辿り着き、具体的な方法を絵本・図鑑などで調べる段階に進みました。最後まで「食べたい」と主張していた男児が、とても熱心に調べる姿も、大人にとっては予想外でした。

❸ 悲しい結果を乗り越えて

子どもたちは最新の注意を払って丁寧に取り扱っていたのですが、野鳥の卵の殻はとても脆く、数日後には割れてしまいました。保育者はある程度予想していたことでしたが、やはり大きなショックを受けました。子どもたちもまたショックを受け、深く悲しんでいる様子でした。

園庭にお墓を造って弔い、生命の大切さについて考える話し合いをしているなかで、子どもたちから予想外の声が聞こえてきました。「でも、ちゃんと育ってたよね」「トリの赤ちゃんの形になってた」不幸にも割れてしまった卵でしたが、保育者だけで処理してしまうのではなく、子どもたちにもそこに立ち会ってもらったことで「育て方そのものは間違ってな

かった」というとらえ方をした子どもも数人いたようでした。

❹ 保護者からの申し出を受けて

ここまでの経緯を写真記録等でご家庭とも共有していた結果、ある保護者から、ニワトリの有精卵10個の提供と孵卵器の貸与の申し出がありました。

こどもかいぎでは、もちろん「育てたい」の意見が圧倒的でした。おとなかいぎでは、いくつかの懸念事項が挙げられましたが、取り組みと並行して、こどもかいぎへ投げかけて対応を考えることとして、ゴーサインを出しました。

❺ 子どもたちなりに現実的な議論を重ねる

孵卵器を使用しているため、卵のお世話そのものに子どもたちがかかわる場面はあまりありません。2週間ほどは、卵が孵ってからどうするかを熱心に話し合い続けました。

「10個の卵が全部孵っても、全部を育てられるかな？」

「丁寧に育てられるのは2羽くらいじゃない？」

「他のヒヨコはどうするの？」

「卵をくれたKさんのお父さんに相談してみよう」

「卵を産んでほしいから、育てる2羽はメスを選びたい」

「オスとメスは見分けがつくのかな？」

「これも、Kさんのお父さんに相談してみよう」

「ヒヨコは可愛いからパンジーさん（4歳児）、たんぽぽさん（3歳児）も触りたいよね」

「あんまり触るとヒヨコも疲れちゃわない？」

「たんぽぽさんにもわかるように、約束を書いて貼っておこう」

　おとなかいぎで挙げられた懸念事項のいくつかは、特に保育者が提案しなくても、子どもたち自身の課題として話し合われ、解決策も案出されていきました。

❻ニワトリの卵が孵った

　孵卵器の中で21日間を過ごした卵は無事に孵化し、年長児クラス（クローバー組）には、7羽のヒヨコが仲間入りしました。事前に取り決めた約束事に基づいて飼育を始めますが、次々に小さな問題が浮上します。しかし、ここまでに何度も「こどもかいぎ」で話し合いを重ねてきた子どもたちは、試行錯誤しながらそれらを解決していきました。

　野鳥と比較すればずっと飼育しやすいニワトリとはいえ、保育者と子どもたちだけで育てていくのは簡単ではありません。特に、0歳児から6歳児までが共同で過ごす、認定こども園という施設の特性上、衛生面を中心にした危

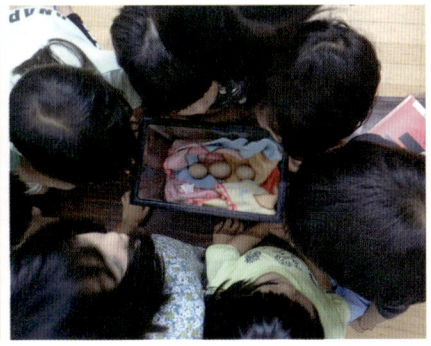
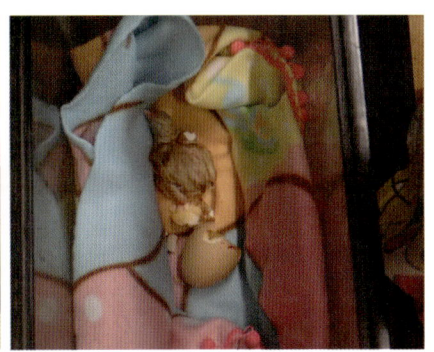

機管理は必須となります。また、かわいらしいヒヨコと触れ合いたい子どもたちは、他学年にも多く、ヒヨコ側のストレスにも配慮しなければなりませんでしたが、そうした懸念事項も、子どもたちは自ら調べたり考えたりして、保育者から見ても適切なルールの設定に辿り着いていました。

❼大切に育てるための決断

　子どもたちは、孵化するまでの間の話し合いで、自分たちでお世話できるのは2羽までと結論付けました。それ以外は、Kさんのお父さんの職場で引き取ってもらう約束を、子どもたちで取り付けました。

　オス・メスの見分け方がとても難しいことも、Kさんのお父さんからお話ししていただきました。「オンドリはヒヨコの頃から足が大きい」というヒントを基に、足の小さな2羽を選び出しました。

　また、年少児・年中児にもわかりやすく、ヒヨコにストレスを与え過ぎないルールを掲示し、自分たちもそれを守る姿勢を見せていました。

　そしてクローバー組の目標は、ピーちゃんとチャイロちゃんと名付けた2羽のニワトリが産んだ卵を料理して食べたい、というものにスケールアップしていきました。

エピソード❷
自分で火を熾したい

　子どもたちの興味や関心を起点として、大人と子どものどちらもが主体的に環境にかかわっていくことを保障していくと、年度の区切りを越えて連綿と続く活動になることもあります。一旦は下火になり途切れたかのように思えた遊びが再びブームになったり、中心となるメンバーが入れ替わったり、ほかの遊びと融合していくこともあります。そうした変遷や展開も大人にとっては意外性に富んでいて、いつも驚かされます。

　ニワトリの卵を孵す取り組みと並行して、日々たくさんの遊びが生まれては消えていきました。そんななか、野鳥の卵を発見するより以前に始まり、二羽のニワトリが卵を産みだした後まで続い

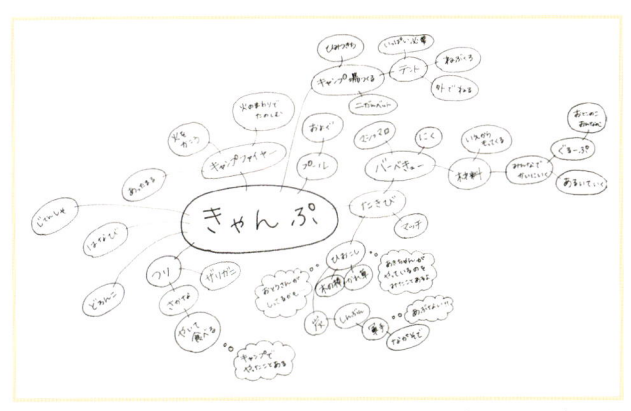
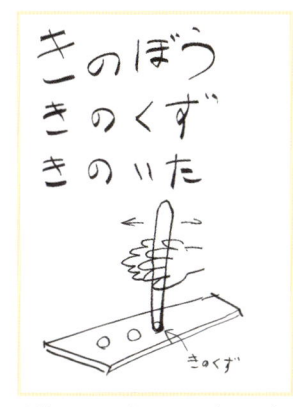
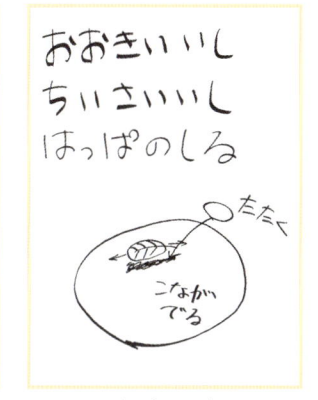

デイキャンプで取り組みたいことを子どもたちと話し合い、ウェブで可視化したもの。ブレインストーミングのように、自由な発想でアイディアを拡げていくための工夫

火熾しに取り組みたいグループの子どもたちを話し合い、出されたアイディアをイラストで可視化したもの。言葉だけではイメージしにくい子どもへの配慮

たのが、この「火熾し」の取り組みです。

　年中児だった前年度から、野外炊事の再現遊びをする女児のグループがいました。園庭の石や木の枝でかまどを再現したり、ままごと道具を使って調理の模倣遊びを繰り返していました。その様子を何度も目撃していた担任は、いつか子どもたちから「焚火をしたい」と提案があるだろうと見通しを立てていました。例年、秋から冬にかけて、副園長や保護者の助力を得ながら実践していたので、今年度も計画を立てる腹積もりはありました。しかし、子どもたちの発想はさらに進んだものになっていました。

　年長児のデイキャンプのプログラムを話し合うなかで、子どもたちからは「マッチやライターを使わずに火を熾して、料理したり、キャンプファイヤ

ーをしたい」という意見が出ました。火を熾す方法にはどんなものがあるのか、こどもかいぎで話し合いが重ねられました。絵本や図鑑で調べたり、家族と相談したりして、さまざまなアイディアが寄せられました。

子どもたちのアイディアを整理していくと、❶まい切り式火熾し器、❷火打石（ファイア・スターター）、❸虫メガネ方式の3点に集約されていきました。担任以外の保育者はもちろんのこと、用務員・事務員まで総動員で、子どもたちの取り組みを支える方法を考えます。

教材庫にあるだけの虫メガネを持ち出したり、自宅からファイア・スターターを持ち寄ったり、子どもたちの説明を基に弓引き式の火熾し器を作ったりしました。保護者も火熾しの方法を独自に調べては、子どもたちに伝えてくれました。かかわったすべての大人は「せっかく子どもがアイディアを出したのだから、納得いくまで取り組んでほしい。それを支えたい」という意味では真剣でした。しかし実は、子どもたちだけの力で実際に火を熾せると予想していた大人はいなかったのです。子どもたちは、そんな大人の想像を易々と跳び越えていきます。

大人の予想をはるかに超える集中力を発揮して、一人の女児が、虫メガネ方式で火を熾すことに成功してしまいました。その火種はガス・ランタンで保管※することになり、デイキャンプの野外炊事やキャンプファイヤーにも活用されました。

※実際にはその都度消火しました。子どもたちが見ている場では常に火が灯っている状態を保ちました。

保育者たちは、子どもたちが火を熾せるとは予想できず、おとなかいぎではたびたび「どのタイミングでマッチでの着火を提案してみようか」と話し合っていました。しかし、子どもたちは発想の豊かさだけでなく、目標を達成するための集中力においても私たち大人の予想をはるかに超えていきました。

着火まで成功したのは虫メガネ方式だけでしたが、まい切り式火熾し器でも、煙が上がって着火まであと一歩というところまでたどり着きました。

4 想定外を楽しむことで
保育はより豊かになっていく

　自分たちで火を熾すことに成功した体験から自信を得て、この学年の子どもたちは、例年よりも頻繁に焚火や野外炊事を楽しみました。冬には、卵から育てたニワトリのピーちゃんとチャイロちゃんも立派に成長し、卵を産むようになっていました。子どもたちは、園庭でパンケーキやバームクーヘンを作って食べました。卵と火熾し、2つの数か月間にわたる取り組みが、年度末に合流してゴールを迎えました。

　子どもと大人がともに主体的に環境にかかわるとき、綿密な計画に基づいてはいても偶発的な事象は常に生じてきます。それらを排除すべきノイズ・トラブルととらえるのでなく、イメージをより豊かにしたり、発想を飛躍させたりするチャンスとして歓迎する。そんな姿勢で保育を俯瞰すると、子どもがおもしろがっていることをおもしろがる余裕が大人にも生まれてきます。子どもの視点に立てば、想定通りに物事が進まないことは、ごく当然で、それはノイズでもトラブルでもないはずです。

　綿密に計画を立てることは、とても大切です。しかしそれは、偶発的な出来事を歓迎することとは矛盾しないはずです。子どもたちの発想は常に新鮮です。「おっと、そうきたか。でも確かにそっちのほうがおもしろくなりそう」。そう思える保育者が増えることを祈っています。

「ずれ」に着目すると見えてくる保育実践のおもしろさ

1 「ずれ」をおもしろがるとは……

「ずれてはマズイ」から
「ずれるからこそおもしろい」への変化のプロセス

　「ずれ」という言葉は、一般的には「思い描いていたものと実際の結果が一致しないこと」や、「意見や認識の相違」を表します。保育の文脈において「ずれ」は、子どもたちの行動や思いと、保育者の計画や思いが一致しない場面で生じることが多いでしょう。この「ずれ」は、時に保育者にとって困惑や戸惑いをもたらすものですが、保育の実践を深めるうえで非常に重要な要素でもあるのではないでしょうか。

　保育の場面では、保育者が事前に考えた活動の計画や、子どもたちの成長の過程に対する見通しに対して、子どもたちは必ずしもその通りに反応するわけではありません。むしろ、子どもたちは自分自身の思いに基づき、予測を超える行動をとることがしばしばです。このとき、「ずれ」は計画からの逸脱としてとらえるのではなく、子どもたちの成長のための新しい方向性として受け入れることができます。

　「ずれ」は子どもたちの創造性、独自の視点、発達段階の表れであり、保育者にとっても子どもたちを深く理解する契機となります。こうした「ずれ」をどのようにとらえ、対応していくかが、保育者として問われる場面であり、保育の質を左右する要素となります。

　つまり、「ずれ」は単なる間違いや不一致ではありません。むしろ、それは子どもたちの思いが保育者の意図や大人の常識を超え、新しい学びや発見を引き起こす瞬間です。保育者がこの「ずれ」に対して肯定的にとらえ、受け止めることで、子どもたちの学びは豊かなものになります。「ずれ」は子どもたちが持つ力や可能性を見つけ出すきっかけであり、そこには多様な発達の

プロセスが潜んでいます。

　保育においては、「ずれ」はしばしば失敗や問題として扱われることがあります。しかし、保育者がその場面を丁寧に観察し、子どもたちの視点に立って考えれば、これまで見えてこなかった新しい価値や学びの芽が見つかります。

子どもたちの予測できない行動を肯定的に受け止める

　私自身も予想外な出来事に出会ったことが山ほどあり、悩み考えてきました。ここでは3歳児のAくんとBちゃんがティッシュ箱と輪ゴムを使って音を鳴らし、それを「ギター」として遊び始めた事例を紹介します。

　この日、AくんとBちゃんは一緒に遊んでいました。二人は部屋の隅にある材料に興味を示し、何か新しい遊びを始めようとしていました。Aくんが目にしたのは、空っぽになったティッシュ箱と輪ゴムでした。Aくんは、輪ゴムを箱に引っ掛けて弾いてみたところ、思いがけず音が鳴ることに気づきます。Aくんはすぐにその音の違いに興味をもち、音を鳴らす遊びに夢中になっていきました。その様子を見ていたBちゃんも、「何かおもしろそう」と近づき、Aくんと一緒に遊び始めます。Aくんが箱に新しい輪ゴムをかけて音を出すたびに、Bちゃんはその音に合わせて手拍子をしたり、「もっと違う音が出るかな？」とAくんに声をかけたりし、二人で次々と新しい音を試す遊びへと展開していきました。Bちゃんは音に反応し、おもしろがることで、Aくんの遊びを後押ししていたように思います。

　二人はさらに工夫を重ね、箱にかける輪ゴムの本数を増やしたり、ゴムを強く引っ張ってみたりと、音の違いに気づいていきました。それぞれの音に対して驚きながら、楽しそうに声を上げていました。AくんとBちゃんは「ギターみたいだね！」と自分たちが作ったギターに満足感を覚え、演奏を始めました。

　ここで、AくんとBちゃんは自分たちだけの遊びにとどまらず、「誰かに聴いてほしい」という願いをもち、次の展開を考えます。二人はいろいろと考えていましたが、ほかの友達や先生は別の遊びに夢中だったため、その場には誰もいませんでした。二人は諦めず、部屋に置かれた人形たちを観客に見立てることを思いつきます。AくんとBちゃんは、人形たちをきれいに並べ、「これから演奏会を始めます！」と演奏会を始めました。

　二人は息を合わせ、交互に弾いて音を出しながら、時折Bちゃんが「みん

な、どうだった？」と人形に問いかけ、Aくんも「もう一曲いきます！」と続けました。観客として並べられた人形たちはもちろん返事をしませんが、AくんとBちゃんはその想像の中で観客との対話を楽しんでいる様子でした。

　このエピソードでは、子どもたちが自分たちの遊びから新しい発見をし、その発見をもとにさらに深めようとするプロセスが見えてきます。ティッシュ箱と輪ゴムという単純な素材から生まれた遊びは、AくんとBちゃんにとって楽器となり、演奏会という新たな展開を作り出しました。二人は自分たちの中で、聞いてほしいという願いから、演奏を人形たちに披露して喜びを味わっていたのです。

　この場面では、保育者は人形に演奏を聞かせる姿に驚きながらも楽しみ、子どもたちが自分たちのペースで遊びを深めていくことに共感したことで、本人たちの願いに気づけたといえます。

　このように、子どもたちが大人の考えから「ずれ」ていく過程は、彼らの興味や関心・目的・意識を知る重要な瞬間です。そして、それを支える保育者の姿勢が、子どもたちの学びをより豊かで意味のあるものにしています。AくんとBちゃんが示したこの即興的なギター作りと演奏会のエピソードは、まさにそのようなことを示す事例であり、保育の中で「ずれ」を楽しむことの重要性を教えてくれます。この遊びの流れは、身近な大人である保育者が子どもたちが予想を超える行動を見せたとき、それをどのように受け止めるかについて考えさせられる事例です。

2　「ずれ」を新しい方向性としてとらえる

「ずれ」を受け入れることとは

　保育者が「ずれ」を「新しい方向性」として受け入れることで、子どもたちの成長や学びが広がる可能性をもっているのではないでしょうか。保育者が「ずれ」を計画や意図通りにいかない行動としてとらえるのではなく、新しい学びの契機としてとらえ、子どもたちの発見や行動を尊重したことで、自分たちの遊びを展開させることができたともいえます。このような状況で、保育者の役割は計画を修正することではなく、子どもたちが自らの興味を追求できるように環境を整えることにあります。

　「ずれ」はしばしば、保育者にとって困惑や戸惑いを引き起こすように思い

ますが、その背景には子どもたちが独自の視点や考え方をもち、それを自由に表現していることが隠れています。この「ずれ」を保育者が受け入れ、そこから新しい発見を生み出す姿勢をもつことが、子どもたちの成長を支える重要なポイントになります。

　保育者にとって重要なのは、この「ずれ」に気づき、それを否定するのではなく、積極的に受け入れる姿勢をもつことです。「ずれ」は、新しい学びや発見の扉を開くものであり、保育者がその扉をともに開くことで、子どもたちの成長や保育を豊かにすることができるでしょう。

保育者の「驚き」と「発見」へのアプローチ

　保育者にとって、子どもたちが見せる予想外の行動に驚くことは、保育の中で非常に重要な意味をもちます。驚きは、単なる感情的な反応ではなく、保育者が子どもたちの行動や思考に対して柔軟に対応し、彼らの世界を理解しようとする第一歩です。

　先述の事例において、保育者がAくんとBちゃんのギター遊びに驚いたことは、彼らが独自に見つけた創造的な遊びを尊重し、次のステップにつながるきっかけとなる側面がありました。驚きは、保育者がもっている固定観念を打ち破り、子どもたちの新しい発見や学びに気づくための重要な要素です。

　驚きを感じた保育者は、子どもたちがどのような意図でその行動をとったのか、どのようにその発見に至ったのかを理解しようと努めます。これにより、保育者は子どもたちとの関係を深め、ともに学びを広げることができます。

　保育者が子どもたちの行動に驚き、それを積極的に受け入れることで、子どもたちの学びはさらに広がります。驚きは、保育者が子どもたちに対して新しい視点を提供していく大切な要素なのです。

　子どもたちの行動に驚いた保育者は、次にその行動に共感し、子どもたちと協働して学びを深めていきます。共感的なアプローチをすることで、保育者は子どもの目線に立ち、その世界をともに感じ、理解しようとします。これにより、子どもたちは保育者との信頼関係を築き、自分の考えや行動が尊重されていることを感じます。

　子どもの視点で考えていくという姿勢は、保育者が子どもと対等な立場でかかわることを表しています。子どもたちの遊びや行動に対して、保育者が上から指導するのではなく、同じ目線でともに学び、ともに驚き、ともに成

長する姿勢を示します。保育者が単に子どもを見守るだけでなく、ともにその場を楽しむことで、子どもたちは自分たちの遊びが保育者に認められ、尊重されていることを感じ、自信をもって新しいことに挑戦できるようになります。

子どもと保育者が一緒に楽しみ、ともに学ぶプロセスの重要性

　このように、保育者が子どもたちと同じ目線に立ち、ともに学び合うプロセスは、保育の場をより豊かで創造的なものにします。子どもたちは保育者とともに新しい発見をし、保育者もまたそのプロセスを通じて自己成長を遂げるのです。驚きと共感をもって子どもたちに接することが、保育の現場での学びを深めるための重要な要素となります。

3　野中こども園の事例から見えてくる
　具体的な事例と学び

何気ない日常に意味がある

　野中こども園の事例で子どもたちが蛇口から流れる水を使って泥遊びをするシーン（22ページ）は重要な学びを示しています。子どもたちは水を使って砂の質感を変えたり、泥を作ったりすることに興味を示し、その過程で物理的な変化を観察しました。たとえば、ある子どもは「この砂はもっと水を加えると固くなるかな？」と考え、何度も実験を繰り返します。

　この過程で保育者は、子どもたちが自分で解決策を見つけ出し、結果を評価する能力を育むために、あえて手を出さないようにしました。もし保育者が「もっと水を加えるとこうなるよ」と教えてしまった場合、子どもたちは自らの学びを途中で失い、探究する機会を奪われてしまう可能性があったからです。

　このような事例には、子どもたちが自然の法則や物質の変化を自ら体感し、学びを深めていく姿が鮮明に描かれています。保育者は、子どもたちが自身で答えを見つけ出すプロセスにおいて、どのように環境を整え、どのタイミングで介入するかが重要であることを学びます。

　もう一つの特徴的なエピソードは、Rくんが水路でプリンカップを使って水の流れを変えようとした事例（24ページ）です。Rくんは水がどのように流

れるかに興味をもち、スコップや手を使って水を操作しようと試みます。しかし、偶然にプリンカップが水路を詰まらせてしまい、水が思い通りに流れなくなってしまいました。

　この場面で、保育者はすぐに解決策を教えるのではなく、Rくんが自分でその原因を見つけ、どう対処すべきかを考える時間をつくっていました。Rくんはしばらくの間、さまざまな方法で水の流れを変えようとしましたが、最終的には原因に気づかずにほかの遊びへと移ってしまいます。ここで重要なのは、保育者があえて答えを提示しないという選択をしたことです。Rくんが答えを見つけることができなかったという結果に対して、保育者は自問自答しながらも、「子どもが自分で気づく力を信じる」という姿勢を貫きました。すぐに正解を教えることが必ずしも学びを深めるわけではなく、ときには気づく機会を与えるために見守るという選択が、長期的な成長につながることを理解する事例です。

　保育者が子どもたちの「ずれ」に気づき、それを学びのチャンスとして活かすためには、何よりも「柔軟性」と「驚く心」が求められます。柔軟性とは、子どもたちの行動や発言が予想と異なるとき、「それは違う」と即座に応答するのではなく、その「ずれ」によって生じる新たな可能性に目を向ける力です。また、驚く心とは、日々の保育の中で、子どもたちの表現や創意に対して新鮮な気持ちをもち続けることを意味します。これは「子どもがこうしたいと言うなんて思いもしなかった！」というポジティブな驚きであり、それによって子どもたちの思いに共感し、彼らの世界をより深く理解しようとする姿勢を指します。

　柔軟性は、保育者が自分自身の価値観や「こうあるべきだ」という先入観にとらわれず、子どもたちの新しい発想や意見を受け入れる姿勢をもつこと

で生まれます。年長児が「キャンプで焚き火をしたい」と言い出したとき、保育者は危険だと感じ、最初は躊躇しました。しかし、子どもたちの提案を受け入れ、安全に火を起こす方法を子どもたち自身が考え、保護者の協力を得ながら実現することができたことからも、やりたいという気持ちが実現されることで次への意欲につながっていきます。

学びのプロセスを育む保育環境のあり方

　野中こども園の事例は、保育環境の構成が、子どもたちの探究心や学びにどれだけ影響を与えるか、また、保育者が「ずれ」を学びの契機としてどう受け止め、どのように介入すべきかを考えるうえで非常に示唆的な内容を含んでいます。「保育環境の重要性」について、子どもたちの主体的な学びを促進するために、保育者がどのような役割を果たすべきかを具体的に考えていきます。「ずれ」を肯定し、育むためには、保育環境そのものが子どもたちの自由な発想を受け入れるものである必要があります。事例では、「空を向いた蛇口」が子どもたちに水との自由なかかわりを促し、無限の遊びの可能性を提供しています。蛇口を上向きにするという一見「ずれた」環境設定が、子どもたちの発想を豊かにし、自由に水を扱うことで学びを深めるきっかけを与えています。それでは「ずれ」を引き起こす保育者のかかわり方とはどのようなことでしょうか。

　保育者自身が「ずれ」に気づき再構成していくためには、常に子どもたちの思いに敏感になり、その思いを受け止める姿勢をもつことが重要です。最初は単なる水遊びに見えた遊も、子どもたちが水の流れや力に興味をもち、さらに深い学びへと展開していたことを保育者が発見しました。このような気づきは、保育者が子どもたちの行動を見守り、日々の保育をふり返りながら、次のステップにどう対応するかを考える姿勢から生まれます。

　またプリンカップの事例では、Rくんがプリンカップで水路をふさぎ、その結果を理解できなかった場面がありました。このとき、保育者は「教える」ことではなく、Rくん自身が気づくための選択をしました。しかし、Rくんが最終的にその原因に気づかなかったことをふまえて、保育者はそのことをふり返り、今度はどう対応するかを考えることになりました。このように、保育者が自身の行動をふり返ることは、次の実践においてより適切な支援や環

境を提供するための貴重な学びの機会となります。

　保育者が子どもたちとの日常の中で「ずれ」に気づき、その過程を見守ることは、単に子どもたちの成長をサポートするだけでなく、保育者自身の成長にもつながるのです。子どもたちが自由に発想を広げ、予想外の行動をとる瞬間に、保育者は自らの常識や先入観が問い直され、新たな視点を得ることができるのです。

　先述のティッシュ箱と輪ゴムを使って音を鳴らし始めた事例では、保育者はその創造的な姿に驚かされました。最初は単に何かを作っていくように見えた行動が、次第に表現のほうに展開し、最終的にはその子どもが自ら「ギター」を作り演奏を見せるまでに至ったのです。この過程を通じて子どもたちの発想がどれほど豊かで、どのような環境や道具を用意するのかによって、遊びの展開が変わることを実感しました。

　このような瞬間に、保育者は「驚き」を感じると同時に、自分自身が子どもたちとともに学んでいることに気づきます。保育者が子どもたちの行動に共感し、その中に新たな発見を見出すことで、自己の成長と子どもたちの成長が並行して進んでいくのです。環境構成や子どもたちへのアプローチは、常に固定されたものではなく、子どもたちの反応に応じて変化していくべきものです。保育者は、その都度自らのアプローチを見直し、子どもたちの成長に最も適した環境を提供するために、柔軟な対応を心がけます。このようなふり返りを積み重ねることで、保育者は自らの実践に対する理解を深め、新たな視点を取り入れることができるのです。

4　起きている事柄の背景を　　理解しようとすることの重要性

子どもなりの見方・とらえ方への気づき

　ずれに気づくためには、保育者が子どもたちに対して開かれた心をもち、彼らの行動や言葉に丁寧に耳を傾けることが必要です。保育者自身が「こうあるべきだ」という先入観をもってしまうと、子どもたちが示す「ずれ」を見逃してしまいます。柔軟な思考と、子どもたちの世界に共感する姿勢が求められます。「ずれ」に気づき、それを受け入れることで、保育者と子どもたちの関係はより深まります。子どもたちは、自分の思いが認められ、尊重さ

れることによって、保育者に対する信頼感をもち、安心して新しい挑戦に取り組むことができるのです。

保育者の成長契機としての「ずれ」が育むふり返りの思考

保育実践において、保育者が日々の活動を振り返り、その中でどのように成長していくかは、子どもたちの学びに大きな影響を与えます。保育者が自身の考えや行動を柔軟にとらえ直し、自己をふり返る姿勢が、子どもたちとのかかわりをより深める基盤となっていることです。

保育者が子どもたちとの日常の中で「ずれ」に気づき、その過程を支えることは、単に子どもたちの成長をサポートするだけでなく、保育者自身の成長にもつながることは先ほども述べています。子どもたちが自由に発想を広げ、予想外の行動をとる瞬間に、保育者は自らの常識や先入観が問い直され、新たな視点を得ることができるのです。

保育現場では、子どもたちの行動が保育者の計画や思い・願いから逸脱する場面が頻繁に起こります。しかし、その「ずれ」は単なる計画の乱れではなく、学びの契機にもなり得るものです。子どもたちは大人が想像もしなかった方法で問題を解決したり、新しい発想を生み出したりします。保育者がこの「ずれ」を敏感に察知し、驚きや楽しさをもって応答することで、子どもたちはさらに自信をもち、自らの学びを深めていきます。驚きや楽しむ姿勢は、保育者が子どもたちに対して示す最も重要な応答的な反応の一つです。

子どもたちが予想を超えた行動をとることで、保育者は自分の計画や方法を見直す機会を得ます。たとえば、保育者が準備した活動の枠を超えて、子どもたちが自由に展開する状況では、保育者はその意図を理解し、状況を見守ることで子どもの学びの芽を育てます。ずれを「失敗」ではなく「発見」としてとらえ、その場面を尊重することで、保育の現場は柔軟かつ創造的なものとなります。

ずれに対応するために必要なのは、保育者自身の柔軟性と観察力です。保育者が驚きや楽しみを感じることで、子どもたちは「自分の行動が認められている」と感じ、さらに自由な発想を展開することができます。保育者が驚きをもって子どもたちの行動に向き合うことで、子どもたちは学びの中で自己表現の幅を広げていきます。このように、ずれは学びを豊かにするポイントであり、保育者と子どもたちの信頼関係を深める基盤にもなります。

5 つながりと循環する保育実践のプロセス

　保育における「ずれ」を楽しむことは、保育実践における重要なプロセスであり、日々の活動が連続的に展開するなかで新しい学びを生む循環の一部であるといえます。子どもたちの興味や好奇心は、時間の経過とともに変化し続け、ある活動が次の活動へと自然につながっていくのです。

　一つの遊びが別の遊びへとつながるように、子どもたちの学びもつながっていきます。泥遊びから始まり、水を使った遊び、そしてさらに複雑な構造物を作る遊びへと展開することもあります。このような遊びのプロセスの中で、保育者はあくまで子どもたちの活動に対話的・応答的にかかわり、子どもが試行錯誤を繰り返す環境を用意します。このような学びの循環は、保育実践における「ずれ」を積極的に受け入れ、楽しむ姿勢から生まれるものです。

　また、このような循環は、保育者自身にとっても学びの機会となります。日々の実践を通じて、保育者は子どもたちとのかかわりのなかで自らの保育観を問い直し、新しい視点を得ることができます。子どもたちが「ずれ」を通じて新しい発見をするのと同様に、保育者もまた、その「ずれ」を見つめ直し、自らの保育スキルを向上させていくことができます。このプロセスは、単なる活動の繰り返しではなく、常に進化し続ける保育の循環といえます。

　保育実践の営みは、一つの活動が完結して終わるものではなく、常に連続的なものです。子どもたちの興味や関心は一つの場面で止まることなく、次々と新しい方向へ展開していきます。保育者はその流れをわかろうとし、子どもたちの「ずれ」に柔軟に応答しながら、保育の循環を支えていくのです。

　このように、ずれを楽しむ保育の実践は、保育者と子どもたちとの間につながりを生み出し、学びの循環を促進します。保育者は日々の実践を振り返りながら、子どもたちとの対話を通じて自己の保育観を見直し、さらに次の活動へとつなげていきます。このつながりと循環が、保育実践の本質であり、保育者と子どもたちがともに成長していくためのポイントとなるでしょう。

　次の章から続く事例では、保育者がどのように「ずれ」を楽しみ、学びの循環を生み出しているのかを具体的に説明していきます。保育の中での「ずれ」がどのようにつながりをもち、子どもと保育者で展開していく様子が見えてくるでしょう。

第2章

子ども再発見！
「想定外」を活かした保育

探究する子どもの姿

身近なモノと出会い、見つめて、触れて、感じるうちに
「不思議!」を見つける子どもたち。
さらに、見つめ続ける子どもたち。

「不思議!」に気づき、「こうしたら」という問いを抱いて
試行錯誤を重ね、試行錯誤を積み重ね、思いもかけない発見をする。
そしてまた、見つめ続ける。

出会って、かかわって、感じて、探究する
5つの事例の子どもたちの姿から
子どもの目のつけどころが見えてきます。

あなたには何が見えてきますか?
何が聞こえてきますか?

「転がし遊び」の興味・関心の変化

0〜2歳児19名が在籍している園です。アートは特別なものではなく、子どもたちの日常の延長上にあるものとして、日常的なかかわりを大切に保育しています。開園当初からWebアルバムやドキュメンテーションを活用し、保護者と保育記録の共有をしてきました。

POINT

乗り物を自走させることから始まり、転がす行為自体に興味を広げ、ほかの物も転がそうと試みるなど、遊びの興味・関心、目的など、子どもの展開力に驚かされます。

こどもなーと千里丘保育園では、子どもたちがさまざまな素材に自由に触れられるようにしています。
乗り物好きの子どもたちを中心に、玩具を自走させる遊びから
転がることに遊びの興味・関心が広がっていった事例を紹介していきます。

乗り物の「自走」から「転がること」に興味が変化
（2022年4〜6月）

　室内遊びでは、1・2歳の乗り物好きの男児を中心に、車や電車の玩具を使って遊ぶ姿が多く見られました。遊んでいる姿をよく見てみると、乗り物を手で押した後に、手を離して、乗り物の玩具が動いているようにしていることがわかりました。

　保育者は本物の乗り物のように自走しているように見立てているのではないかと思ったので、坂などを作ることによって、より自走している姿を現せるのではないか、実際に、段ボールや雨樋などさまざまな素材を使ってたくさんの坂をつくり、環境を整えました。

　子どもたちは、さまざまな乗り物の玩具を使って自走させることを楽しんでいました。しかし、遊びを継続していくうちに、乗り物以外のものを転がす子どもが増えてきました。さまざまな素材に子どもたちが自由に触れられるようにしていることもあり、カラーボールを選んで転がしている様子が見られました。乗り物の自走の見立てから「転がる」への興味・関心に変化しているようでした。

足で音を鳴らすと揺れている？
（2022年5月）

　O.Kくん（1歳5か月）が公園のすべり台の斜面に、足をどんどんとさせ、音を鳴らすことを楽しんでいました。その際に、滑るところにかすかに残った砂などが振動で揺れていることにほかの子どもたちも気がついていました。

球体以外の形のものも転がそうとする姿
（2022年7〜10月）

　乗り物や坂など、使っているアイテムは同じですが、子どもたちの興味は「自走」から「転がす」になっています。新しい坂のアイテムとして、模造紙の芯（長さ1.5m、穴の直径7cm、中は見えない）を取り入れました。

　遊び方のパターンが決まってきている時期だったので、新しい素材を取り入れることで、転がすことへの興味・関心をより深められるのではと思いました。

　今までは転がる姿なども見えていましたが、今回は転がっている姿が見えないため、入り口や出口を覗いて、筒の中の構造がどのようになっているかを気にする姿が多かったです。また、この頃から球体以外の形のものも転がそうとする姿が少しずつ見られるようになりました。

叩いて滑り落とす（2022年11〜12月）

　身体を思い切り動かして遊ぶため、公園に行き、遊具などで遊んでみました。I.Kくん（2歳1か月）がすべり台の滑るところに砂をまいて、砂が流れ落ちるのを見ていました。流れ落ちない砂に対しては、すべり台を叩くなどして、振動を使って落とす様子が見られました。

　後日、室内遊びで転がし遊びをした際に、I.Kくんが雨樋に紙コップを置いて転がそうとしますが、転がりませんでした。じーっと眺めた後に思いついたように雨樋を叩き、振動を使って滑り落とすことを何度も繰り返していました。

基本的に転がし遊びをする際は、ある程度、保育者が環境構成を行い、そのほかのものは子どもたちが自由にいろいろなところから持ってこられるようにしていました。**保育者が転がせるものを事前に用意する際に、転がらない形は無意識に省いていました。実際は、転がらないものを使ったことでの気づきや発見がありました。**

丸いと遠くに転がる？（2023年1月）

　粘土遊びが盛んになり、小さくちぎったり、丸めたりなど形にする姿が多く見られるようになってきました。

　保育者は、粘土は形が自由に変えられるため、転がし遊びに取り入れてみ

ようと環境を用意しました。その際、すべての形を子どもの手で作るのは難しいので、保育者も一緒に粘土でさまざまな形を作り、子どもたちに手渡していきました。

　子どもたちは、球体や四角、三角、星などさまざまな形を積極的に転がそうとしていました。星などの転がらない形などは、以前と同様に坂を叩いて振動で下まで降ろすなどしていました。**遊びを継続していくうちに、子どもたちはタイヤ型（円柱）の形を選ぶことが多いことに気がつきました。円柱はほかの形よりも遠くへまっすぐ転がっていくので、「距離」に興味をもったのではないかと考えました。**

遠くに転がすことを
楽しんでいるのではない!?
（2023年1月）

　前回の活動から、遠くへ転がるさまざまな円柱型のテープを大量に用意して転がし遊びを行いました。テープの種類は新品のマスキングテープ、ビニールテープ、ガムテープや使いかけのテープ、また使い終えたテープの芯などを用意しました。

　子どもが手に取るテープは新品のものが多く、テープの芯や使いかけのテープはあまり使いませんでした。新品のビニールテープが一番手に取られやすく、3つほどまとめて転がしたり、連続で転がしたりする姿が見られました。どのテープも遠くへ転がり、子どもたちも集中して取り組んでいましたが、テープの種類のなかでも最終的にはガムテープを好んで転がしていました。

　保育者は「遠くに転がすこと」を楽しんでいると思っていましたが、子どもたちは「重さがあることでスピード感が出ること」を今回の活動のなかで感じとっている様子でした。

芯からなかなか出てこない（2023年2月）

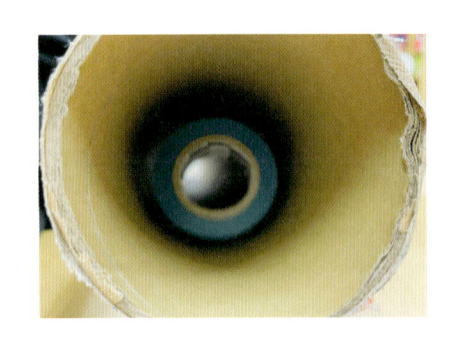

　模造紙の芯とビニールテープを使った転がし遊びをしていた際に、いつものようにスピード感とまっすぐ転がすことを期待していた子どもたちでしたが、入口からテープを入れても、なかなか筒の中から出てこないことに疑問をもっていました。早く出てこない代わりにリズミカルな音と振動がしていたことに気がつきました。中を覗いてみると、ビニールテープがタイヤのようにまっすぐ転がるのではなく、軸を中心に回転しながら筒の中を転がっていくことがわかりました。子どもたちはその光景を楽しみ、入り口からテープを入れては中を覗く姿が多く見られました。

　その後、進級して2歳児クラスになった子どもたちは、転がし遊び以外にもさまざまな遊びを展開しており、転がし遊びから離れていましたが、新し

くカラーボールを買い直したことで、転がすことへの興味を再度もち始めました。

せき止める

　雨樋でボール転がしをしていると、雨樋の角度が浅かったため、いつものように素早く転がらず、レーンの中でボールがたまっていく様子がありました。角度を通常通りに戻すと、ボールがたまるのを見たHくんが手で流れてくるボールをせき止め、ある程度ボールがたまると一気に流す姿が見られました。

「色」に関心をもつ

　保育者はいつものようにカラーボールを転がせるように雨樋を用意しました。その際、転がすところが1レーンしかないと、場所の取り合い等で子どもたちも思うように転がすことができないであろうため、今回は雨樋を横並びで置き、4レーンで遊べるようにしました。
　出口の近くに台があったことで、ボールが溜まりやすく、Jくんが色ごとにカラーボールを流していき、色集めのようにして遊ぶ姿がありました。

「空気清浄機あそび」（2022年4月〜2023年10月）
　室内で風という環境に触れられるよう、空気清浄機は子どもたちの近くに設置しており、子どもたちがいろいろなアイテムを通風口に乗せて風あそびを楽しんでいます。
　上空に浮かばすことを楽しんでいると思っていましたが、子どもたちは風で「上空に浮かぶもの」「全く浮かないもの」「やや浮くもの（5cm）」の3つで楽しんでいました。

保育者作成の「転がし装置」づくり（2023年7月）

　「空気清浄機でものを飛ばすこと」「カラーボールで転がすこと」の2つに子どもたちの興味・関心があったため、転がし装置（ラミネートフィルムを筒状にして組み合わせ、空気清浄機の空気の力で、天井まで押し上げてボールが転がる装置）を作りました。

　今まではものが下に向かって転がっていきましたが、**上にボールが押し上がるというところが子どもたちの興味をひくのではないかと思い、環境を用意しました。**

はじめは上に押し上げる姿に「わぁ！」と声を出していましたが、5分ほどで興味が落下地点に変化していきました。ボールを装置の入り口に置くと、ボールの行く末を見ることなく、落下地点に走っていました。

事例1をふり返って

　転がし遊びといえば、「転がる」だけだと大人の固定観念がありましたが、子どもたちと遊びをともにしていくなかで、それだけではないことがわかりました。「速さ」「距離」「重さ」「形」「素材」「色」のさまざまな要因が転がし遊びの興味・関心を深めているのです。「転がらない」という素材も無駄なものではない、という気づきも重要でした。実際の子どもの姿を通して、大人の固定観念がもみほぐされ学びが得られる貴重な機会を大切にしたいと考えます。

編者コメント

　この事例のおもしろさは、子どもたちの遊びが大人の予想を超えて変化し、展開していく点にあります。最初は乗り物を自走させる遊びから始まったものが、いつの間にか「転がらないもの」や「振動を使って動かす」といった独自の工夫を楽しむようになり、その姿から子どもたちの無限の探究心と柔軟な発想力が垣間見えます。さらに、その遊びを支えるために、保育者の眼差しや興味に合った環境を整え、さまざまな素材を取り入れて転がす遊びを深めるサポートをしていることも重要です。

保育者の想定を超えて展開するこま遊び

中京もえぎ幼稚園では、子どもの"ねがい"を大事にした保育を行っています。"ねがい"とは、「遊びのおもしろさを感じて心が動き、新たなことに挑戦して自分と向き合いながら自分が納得いくまでやり遂げたいという意欲的な気持ち」のことです。

POINT

「こまを回せるようになりたい」という願望が、「もっとおもしろいことをしたい」へと展開していきます。子どもたちの「ねがい」を尊重し、想定外の遊びの展開を保育者が支援していく過程が描かれています。

中京もえぎ幼稚園では、毎年3学期の始業式の日に園からのお年玉としてこまを渡します。
"ねがい"を大事にすることにより、子どもたちのさまざまな発想で
保育者の想定を超えるこま遊びが展開されていった5歳児の事例を紹介します。

"こまを回せるようになりたい"（2024年1月）

　本園の子どもたちは、毎年3学期の始業式の日に園からのお年玉としてこまをもらいます。5歳児の子どもたちは、昨年の5歳児が持っていてずっと憧れていた紐ごまをもらって大喜びでした。早速、"こまを回せるようになりたい"という"ねがい"をもって挑戦を始めました。私は子どもたちに紐の巻き方とこまの投げ方を伝え、子どもたちは何度も繰り返して取り組みました。簡単には回せませんでしたが、"ねがい"をもって挑戦を続けて回せるようになっていきました。

　こまを回せるようになってきたので、子どもたちに"さらに新しいことに挑戦してみたい"という"ねがい"をもってほしいと考えました。そこで、私が回っているこまを紐で引っ張る「こまの散歩」や、下敷きを使って手のひらや机の上などに乗せたりする様子を見せました。

　すると、子どもたちもさっそく挑戦し、さらにテーブルや小さい台の上でこまを回すことに挑戦したり、友達と同時にこまを投げて誰が最後まで残るか競う「バトル」をしたり、友達とこまをぶつけ合ったり、ぶつけ合うために紐でこまを動かしたりして、さまざまな遊び方を楽しんでいました。

　こまが大好きになった子どもたちは、毎朝登園してすぐにこまが好きな仲間同士で誘い合って絵本室で回すようになりました。絵本室にはこまを回すのにちょうど良い丸い段のくぼみがあり、友達と一緒に回すのに適していたのです。また、毎日こまを持ち帰って降園後も家や公園で回すようにもなりました。

　ここまでは、私の想定内でした。しかし、こまが大好きになった子どもた

ちは、"もっとおもしろいことをしたい"という"ねがい"をもち、私の想定を超える遊びを展開していくのです。

"こまを滑らせたい"（2024年2月15日）

いつものように私も子どもたちと一緒に絵本室でこまを回していたとき、子どもたちが「バトルしよう！」と誘ってきました。

私は、「いつもバトルをしてもなかなかこま同士がぶつかり合わないので、こま同士が近くなるほうが盛り上がるのではないか」と思いつき、1メートル四方の粘土板を保育室から出してきました。

さっそく粘土板の上でこまを回しましたが、私が想定していたほどはこま同士が近くならずぶつからなかったため、遊びは盛り上がりませんでした。すると、Tくんが粘土板の上にこまを回してから「斜めにして回してみたら、どうなるやろ」と言いました。すると、Rくんが「こまが滑っていくんちゃう？」と言いました。Tくんは、「あぁ、ウォータースライダー的な？」と答えます。Rくんは「そうそう」と軽くうなずきました。子どもたちの頭の中には、夏に園庭の滑り台で水を流してウォータースライダーをしたときの経験が思い浮かんでいるようです。

私も、「なるほど。ウォータースライダーみたいなやつってことね。確かに、そうしたらどうなるんやろうなぁ」とつぶやきました。Kくんも「じゃあ、やってみる？」と言い、Tくんが粘土板を持ち上げました。すると、こまは滑っていきます。子どもたちは、「おお〜やっぱり滑った！」と盛り上がり、「もう一回やってみよ」と何度も繰り返しました。しかし、Tくんは自分で板を持ち上げていると様子が見えにくいようでした。そこで私が、「遊戯室にいいやつあるんやけど、行く？」と言うと、子どもたちは「行く！」と、遊戯室へ向かいました。

遊戯室で私は巧技台のすべり台を出しました。「これやったら、ずっと持たなくても大丈夫やで！」と子どもたちに見せると、「ほんまや！　早くやろ」と大急ぎで準備しました。

そして、子どもたちはさっそく、すべり台の上からこまを投げました。しかし、すべり台の角度が浅

かったのでこまはゆっくり滑っただけでした。Rくんが「あんまり動かへんなぁ」と言うと、Tくんが「もっと高くしたらええんちゃう」とすぐに巧技台を持ってきて、さらに高くしました。そしてこまを回すと、こまが走るように回りました。平面での動きとは異なり、スピード感をもってこまが坂を下る動く様子が面白く、子どもたちが次々に挑戦し始めました。

　何度も繰り返しているうちに、さまざまな回し方が出てきました。Aくんは、下からすべり台の上部へ投げてこまが坂を降りてくるようにしました。Tくんは、こまと一緒に自分も坂を滑りました。子どもたちは友達の様子を見て、互いに試していきました。

"こまを光らせたい"（2024年2月22日）

　Aくん、Lくん、Tくんが興奮して私に「先生！　こま、光ってるねん！　早く見に来て！」と、急いで呼びにきました。走って見に行くと、Aくんのこまが回っています。Aくんが「こま、光ってるやろ！」と言うのでよく見てみると、ピカピカキラキラしているわけではないのですが、確かにこまの一部分が黒と銀が混ざったような色で光っているように見えます。私は、「ほんまや！　ちょっと光ってる！　どうやって光らせてるん？」と聞くと、興奮した様子で「鉛筆で塗ってん！」と、教えてくれました。

　私は驚きました。これまでもペンでこまに色を塗っていて、回ったときに色が変化するおもしろさに気づいていました。しかし、"光らせたい"という"ねがい"をもっていたため、鉛筆がわずかに光ることに気づき、挑戦してみたようでした。私は「鉛筆が光るなんて、すごいことに気づいたな！」と感心しました。その後、子どもたちはこま全体を鉛筆で塗り、より光るこまを作りました。数日後、"こまを光らせたい"という子どもの"ねがい"をさらに実現できるようにカラーホイル紙なども準備すると、子どもたちはキラキラ光るこまを作っていました。

"自分でこまを作りたい"（2024年3月1日）

　家で目に付くあらゆる物を回してみているほど、こまが大好きになったA

くんが、ニコニコしながら登園して、「先生、これ見て！」と手に持っている物を見せてくれました。それは、牛乳パックと爪楊枝（つまようじ）で自作したこまでした。牛乳パックを細長く切って2枚を十字につなげ、真ん中に爪楊枝を差して作ったのです。Aくんが、「ほら」と自作したこまを回して見せてくれました。とてもよく回りました。

　私もさっそく試してみて、「うわー、Aくんの作ったこま、めっちゃ回るなぁ」と感嘆していると、それを見た子どもたちが"Aくんと同じこまをつくりたい"という"ねがい"をもちました。私がすぐに牛乳パックと爪楊枝を準備しました。すると、子どもたちはAくんにつくり方を聞いてさっそく作っては回しました。さらに、牛乳パックを4枚つなげたり、色を塗ったり、キラキラの飾りをつけたり、坂道を作って回したり、空中で回したりと、友達と一緒に工夫してこまを作りました。

回るこまにかぶせると紙コップが動く（2024年3月8日）

　保育室の床に、紙コップが一つ落ちていました。最近は紙コップを遊びに使っていないので不思議に思い、「なんでこんなところに紙コップがあるんやろ？」とつぶやきました。すると、Aくんが「あぁこれ、Lくんが回ってるこまにかぶせててん」と言います。私が理解できずにいると、Lくんが、「コップが動くんやで。おもしろいで」と言い、実際に見せてくれました。回転しているこまが紙コップに当たると、紙コップがわずかに移動します。私は「へぇ〜、なるほどなぁ。はぁ〜、おもしろいなぁ〜」と感心しました。さら

に、Lくんは6つ入りチーズの丸い箱の枠だけを持ってきました。そして、回したこまに枠を被せたのです。すると、紙コップと同様に枠がわずかに移動しました。しかし、今回はこまが枠に当たって移動する様子がよく見えるのです。Lくんは、「こうやって当たるからこまが回るねんで」と教えてくれました。**私は、「なるほどなぁ。すごいことを発見したなぁ」とさらに感心しました。**

事例2をふり返って

当初はこまが回ること自体を楽しんでいましたが、こまへの思いに火がついた子どもたちは、"もっとおもしろいことをしたい"という"ねがい"をもち、友達と一緒にさまざまなアイデアを実現していきました。粘土板も鉛筆も紙コップも牛乳パックや爪楊枝も、こまのための環境ではありませんでした。しかし、こまのことばかりを考えている子どもたちによってこまの遊びのための環境になりました。これは、私にとっては想定外の活用方法でした。私は子どもたちのアイデアに乗っかって「それおもしろいなぁ」と一緒に楽しみながら"ねがい"を実現していくのを見守っていたのでした。

このように、子どもの"ねがい"を大事にすることにより、子どもは保育者の想定を超えて楽しみました。保育者も子どもたちの想定外をともに楽しむ保育になりました。

編者コメント

子どもたちが自らの願いをもとにして遊びを展開させ、もっとこうしてみたいを作り出していく点にこの事例のおもしろさがあります。こまをただ回すだけでなく、滑らせたり光らせたり、さらには自分で作り出したりする姿が見られ、保育者の想定を超えていく様子が興味深いです。また、粘土板や牛乳パックなど、日常にある物を使って新しい遊びを生み出す子どもの発想力が際立っています。そして、その願いをともに考え支援していく保育者の姿勢や、環境や素材により子どもたちの創造性が刺激されている様子も魅力的です。

ギュウギュウが楽しい
「フワフワボール」で遊ぶ子どもたち

園児は、3号認定27名（0歳児6名、1歳児10名、2歳児11名）、2号認定33名（3〜5歳各11名）、1号認定33名（3〜5歳各11名）、計93名の保育所型の認定こども園です。大学と文京区が連携し2016年に誕生しました。

POINT

保育者の想定を超え「ギュウギュウ」とフワフワボールを詰め込み、その柔らかさや形状を利用した0歳児なりの独自の遊び方を創造して楽しんでいる事例です。

文京区立お茶の水女子大学こども園の0歳児の保育室には、いろいろなおもちゃがあります。
ときにはおもちゃを投げることもあり、物によっては壊れたり
ほかの子にぶつかってしまう心配もあったため、ぶつかっても痛くなく、
気兼ねなく「投げる」行為を楽しめる「フワフワボール」置いてみました。

積み上げることを楽しんでいたけれど

　フワフワボール（商品名moffn）で以前遊んだときには、ボールを重ねて「積み上げる」ことを楽しむ姿が見られましたが、久しぶりに遊んだこの日、保育者が床にボールを積み上げてみると、子どもは保育者が積み上げていく様子をじっと見つめますが自分でやってみようとはしません。ボールに手を伸ばして少しやってみても、すぐにほかのところへ行ってしまいます。

　包帯生地でできているこのボールは、身体にたくさん乗せるとほどよい重さもあって布団のようにも感じられます。子どもたちにもその感触や心地よさを感じてほしいと思い、寝転がっている子どもの身体に乗せてみますが、身体をひねってどかしてしまいます。「積み上げる」遊びも以前ほど楽しんでいる様子はありませんでした。

いろいろ試してみよう

　保育者がこのボールに対して感じていた、感触のおもしろさや身体に乗せたときの心地よさと、子どもたちがおもしろい！　と思う点とは少し違ったということを、子どもたちの反応から感じます。**このボールを通して何かおもしろいことが起こりそうな気がしていたのですが、まずは子どもの姿を第一に、焦らずいろいろと試してみようと思いました。**

エピソード❶
ギュウギュウ入れるのが楽しい

　子どもたちが両手で持てるくらいの、大きめのプラスチックの箱を出してみました。
　保育者がボールを箱に入れて見せると、自分もやりたい！　とボールを持ってきて入れたり、箱を使いたい！　と表情や動き、声で伝えたり

します。

　ある子は、箱を一つ手に取ってボールを詰めていき、ギュウギュウになると箱をもう一つ探しにいきました。両手に一つずつ箱を持って、「これは私の」というように身体のすぐ近くに置いてボールを詰めていきます。

　ギュウギュウに詰め込んでは取り出して、また詰めて……としばらく繰り返した後、ふたを持って保育者のところへやってきます。「ふたをしてほしいのかな？」と思ってふたを閉めると、またしばらくして「開けて」というようにふたの部分を持って保育者のところへやってきます。

　また別の子は、箱にボールをギュウギュウに詰め込み、さらにその上からボールを乗せていきます。「もう乗らないのでは？」と保育者が思ったところからさらにもう一つ乗せて、“ズルッ”と落ちたボールをまた乗せて……。ボールを乗せるときには上から体重をかけてギュッギュッと押さえつけたりもしていました。

やりたいことが次々に出てくる

　ボールが包帯生地で柔らかく掴みやすいからこそ、子どもたちの小さな手でもギュッと掴んで遊ぶことができます。また、ふわふわとしていて自在に形が変わるので、ギュウギュウと押し込むとたくさん入ります。ふたを閉め

たり、開けたり、やりたいことが次々に出てきました。

　実はこの事例の1週間前、同じようにフワフワボールを使って遊んだ日がありました。この日は箱を準備しておらず、保育室にあったぬいぐるみの中身を抜いてボールを入れて

みると、一度出して再び詰め込むことを繰り返し楽しんでいました。

袋状のものに何かを詰め込むことを楽しみ、ふわふわボール以外にも、子ども用の手提げに積み木や木の車、絵本などを入れて持ち歩く姿がたびたび見られました。

このように**「詰め込む」ことを楽しみ始めていたからこそ、ギュウギュウ入れる遊びが楽しく広がったのではないかと考えました。**

エピソード❷
洗濯ネットを出してみたら

箱以外に小さな洗濯ネットも用意しました。A児に洗濯ネットを見せると、ボールをどんどん入れていきます。A児は以前から、おもちゃについているファスナーの開閉を楽しんでいたため、洗濯ネットも気に入るのではないかと考えていました。

洗濯ネットの容量いっぱいまでボールを入れると、座り込んで片方の手でファスナーの端を持ち、もう片方の手で指先を器用に使って金具を引っ張ります。子どもの手の動きを見ていると、ファスナーを押さえる手と金具を引っ張る角度が噛み合うことでやっとファスナーの開閉ができるのだ、ということに気づきます。

ファスナーがどこかに固定されていたり大人が押さえたりしているよりも、自分で押さえるほうが難しいようです。その場に座り込んでファスナーをじっと見つめ、手の動きを少しずつ変えながら挑戦しています。保育者も「手伝おうか？」と声をかけたい気持ちをこらえ、子どもの姿を見守ります。

しばらく奮闘した後、A児が洗濯ネットを持って保育者のところへやってきま

した。自分で開閉をしやすくなるように、保育者がそっとファスナーを押さえていると、A児は金具を引きファスナーを閉めることができました。すると、また自分でファスナーを開けようとしたり、中のボールを取り出したり、また入れたりと、保育者の手を借りながら繰り返し楽しんでいました。

カエルの洗濯ネットに人気集中

布製の洗濯ネットは、プラスチック製の箱と違って形が定まりにくく、ボールの出し入れが難しいと考えられます。ファスナーの開閉も容易ではないため、0歳児の子どもたちにとっては遊びにくいかと思い、この日は少しだけ用意していました。

しかし、A児に洗濯ネットを渡すと、ほかの子どもたちも「あれがいい！」と保育者に表現したり、子ども同士で「かして」と伝え合ったりしています。急遽、ほかの洗濯ネットを洗濯機の横から引っ張り出し、子どもたちに渡しました。すると、意外にも一つの洗濯ネットに人気が集中したのです。

その洗濯ネットはカエル柄だったのですが、「ケロケロ」と言いながら、カエル柄の洗濯ネットを指さして「かして」と身振りで伝えているのです。

洗濯ネットが足りなくなって慌てて出したもう一つの洗濯ネットだったので、そこにどのような柄がついているのか保育者は気にも留めなかったのですが、子どもたちはそこに目を留めたのか！　なるほど！　と驚かされた瞬間でした。

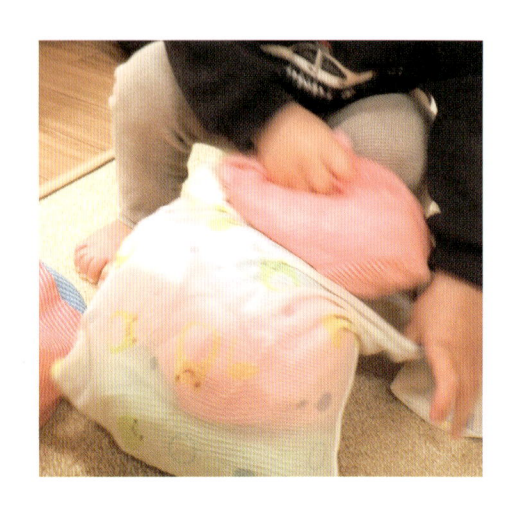

事例3をふり返って

0歳児クラスの子どもたちがおもちゃを投げると、壊れたりほかの子どもたちにぶつかってケガをしたりする心配もあり、「フワフワボール」なら、ぶつかっても痛くなく気兼ねなく「投げる」行為を楽しめるのではないかと考えて保育室の中に置いてみましたが、子どもたちはフワフワボールを投げることをしませんでした。この姿に触れて、「この子たちはどのようにボールとかかわるのだろう？」という疑問が浮かびました。

少し前に楽しんでいた「積み上げる」遊びも、子どもたちにとっての魅力が薄れていることを感じたとき、ボールをぬいぐるみに入れることが浮かびました。当時、手提げにおもちゃを入れる、ぬいぐるみを両手で抱えて運ぶといった姿が見られたため、後からふり返ると、その姿が「ギュウギュウ入れる」遊びのヒントになっていたかもしれません。しかし、ぬいぐるみにボールを入れようと思った瞬間は、遊びの展開を予想していたというよりも、「やってみたらどうなるかな？」という思いでした。

ボールが大量に入ることがおもしろいと予想して用意したクッションカバーより、小さなぬいぐるみに「あと一個入るかな？」と言いながら詰め込むほうが子どもたちは楽しんでいました。自分の予想を超える子どもの姿にいつも驚かされながら、軌道修正をすることで、子どもたちの楽しさに寄り添えたように思います。

「詰め込む」遊びを想定して箱や袋を準備したときも、ふり返ってみると、箱にふたをしてみたり、チャックの開閉に挑戦したり、袋の柄に気づいたりと、子どもたちが惹きつけられるポイントは大人の想定を超えてくることを感じました。

編者コメント

この事例のおもしろさは、子どもたちの遊びの展開が保育者の想定を超えていく過程にあります。当初、保育者は「フワフワボール」を「積み上げる」ことや「乗せる」ことを楽しさとしてとらえていましたが、子どもたちはボールの柔らかい特性を活かして「詰め込む」行動を繰り返し、その後は洗濯ネットやふたを使った細かい動作へと遊びを展開させていきました。0歳児の子どもでも、物の性質を自分なりに発見したり、特定の柄に興味を示したりしている姿は、多様な表現と創造性が現れています。また、そのようなことに気づいている子どもを保育者もともに感じ、保育を一緒につくり出している点も大切なポイントです。

野中こども園（静岡県富士宮市）

大切にしたい子どもの想いと 揺れ動く保育者の願い

野中こども園は、起伏に富んだ4,000㎡超の園庭で動植物や水・土・泥に親しみ、子どもたちの発見や発想、興味や関心を起点とした遊びを通じた学びを最大限に保障することを保育の目標に掲げています。

POINT

子どもたちの心に呼びかける豊かな環境の中で、子どもたちは環境にかかわり、さまざまなことに取り組んでいきます。子どものありのままの思いや動きを大切にするかかわりが豊かな保育を支えています。

野中こども園の園庭は広く、ごく自然に異年齢の交流が生じ、
遊びや知識、技術が年上の子どもから年下の子どもへと伝承されていきます。
そのなかで、子どもたちに保育者の予想と異なるかかわりが生まれたエピソードを紹介します。

エピソード❶
挑戦と創意工夫の狭間

> 　園庭に遊具として置かれた土管は、トンネルや家、乗り物や恐竜など、さまざまに見立てて遊べるので人気です。もぐりこんだり、よじ登ったり、飛び降りたりとアスレチック遊具のように用いることもできます。
>
> 　春の穏やかな日、4歳児クラスのFくんが土管を家や乗り物に見立てて遊んでいました。中に寝そべってくつろいだり、上にまたがって操縦したりする様子が楽しそうに見えたのか、Sくんもやってきて遊びに加わりました。このときはまだ自分の力だけでは土管の上に登れなかったSくんは、飛び降り遊びのときなどに用いるマットを何枚も集めてきて重ね、それを踏み台にして登ろうとしました。

　しかし、私は「崩れると危ない」「登るのは自分の力だけ」と、それを制止せざるを得ませんでした。当園では、子どもたちは日常的に、よじ登ったり、飛び降りたりする遊びを楽しんでいますが、そこには危険も伴うため、「高いところに登るときには自分の力だけで登る（大人に手伝ってもらったり、はしごや踏み台を使わない）」など、いくつかのルールがあるからです。

　Fくんと同じように土管にまたがって遊ぶことができなくなっただけでなく、せっかくの創意工夫を否定された形になり、Sくんは意気消沈。制止した私にも、その気持ちはわかるので複雑な気分です。

　当園では、子どもたちの「おもしろそう」「やってみたい」という内発的動機づけを大切にしているので、そこを起点とした子どもたちの発想や創意工夫を尊重することになっています。事故防止のため、やむを得ないと理解はしていますが、「登りたい」「Fくんと同じことを楽しみたい」という想いから、Sくんが知恵を絞ってたどり着いた工夫を、子どもの姿を見て危ないという理由で制止しなければならないことに、矛盾も感じます。

　そこをFくんの柔軟な発想の転換が救ってくれました。Sくんが運んできた

マットを飛び石のように地面に配置し、その間をジャンプして渡る遊びを始めます。Fくんも笑顔を取り戻し、元気に遊び始めました。

エピソード❷
子どもたちのやりとりから気づきが生まれる

　野中こども園の園庭には、法人名の由来にもなっている柿の木をはじめとして、夏みかん・サクランボ・グミ・梅・栗・桑など、実のなる木がたくさんあります。それらを目当てに昆虫や鳥が庭に集まり、子どもたちが園庭環境に興味をもつきっかけにもなっています。

　また、子どもたちも実を採ったり、昆虫を捕まえるたりするために木に登ります。遊具と同様に、木登りにも事故防止のためのルールがあり「自分の力だけで登る」ことは共通しています。それは「自分の限界に挑戦して、課題を達成したことから得られる成功体験」を大切にしているからなのですが、それは本当に最優先すべきなのかという疑問が浮かぶこともあります。

　6月になると、園庭に何本かある桑の木の実が熟し始めます。子どもたちでも手が届く枝が何本もあり、比較的簡単に採集できるのですが、たくさん採ろうと思えば、木登りに挑戦せざるを得ません。それは子どもたちへのほどよい外発的動機づけになっていて、保育者が無理に誘ったりしなくても、多くの子どもたちは木登りに興味をもちます。もちろんなかには、なかなか挑戦に踏み切れない子どももいます。私たちは、そうした子どもたちが示す葛藤や逡巡も成長・発達の糧ととらえて大切にしています。

　4歳児クラスのFさんは、手が届く範囲の桑の実を採り尽くした後も、「もっとほしい。でもFちゃんは登れないの」と訴えました。私はその気持ちを受け止めつつ、見守っているので少しだけでも木登りに挑戦してみないかと促してみました。しかし、Fさんは挑戦に踏み切れません。Fさんと同じような訴えをもつ子が他にもいたこともあって、まだ意欲が高まっていないととらえ、しばらく様子を見ようと判断しました。近くには、木登りをして実を採っている5歳児クラスの子どもたちもいたので、その子たちから何らかの刺激を受けるかもしれないと期待したこともありました。

すでに木登りが得意な5歳児のHくんは、惜しげもなくFさんたちに桑の実を提供します。Fさんたちの笑顔を見て、Hくんも満足していることがわかります。

　そうした子どもたちの自然で温かな交流に触れて、組織の理念や教育的配慮と、実践の最中に実感する保育者としての幸福感や充実感の間にはずれがあったと改めて自覚させられます。

　野中こども園の園庭は比較的広くて余裕があるので、学年ごとに遊ぶ時間を分けるなどの制限は行っていません。したがって、園庭ではごく自然に異年齢の交流が生じます。

　昆虫や小動物を捕まえたり、草花を摘んでおしゃれをしたりするときに必要な知識や技術は、年上の子どもから年下の子どもへと、遊びを通じてごく自然に伝承されていきます。私がFさんたちに対して、強く誘ったり、積極的に登り方を教えたりしなかったのは、そうした自然な伝承の過程で意欲も育まれることを、ほのかに期待していたからでした。

　しかし、実際には私の予想とは異なるかかわりが生まれました。

　Fさんたちの様子に気づいた5歳児のHくんは「桑の実ほしいの？　はい、どうぞ」と、自分が持っていた桑の実を惜しげもなく手渡しました。それだけに留まらず、スルスルと桑の木に登り、たくさんの実を採ってFさんたちにプレゼントします。その様子を見ていた別の5歳児も桑の実採りに加わって、Fさんたちは大満足の表情を浮かべることができました。

事例4をふり返って

> 　子どもたちが自分の力で課題を解決していく機会を保障するという、当園の基本理念は組織が掲げる目標として正当なものだと認識しています。しかし、紹介した2つのエピソードを通じて、保育者の実感とはずれていると感じた場面も、実はこれまでに数多く経験していたのだと、改めて自覚させられました。
>
> 　子どもたちはごく自然に、仲のよい友達がより楽しく、より幸せに過ごせるように手助けをしたり、助言したりします。園の基本理念や、保育者の専門性に基づく教育的配慮はもちろん大切です。しかし、子どもたちの自然な感性や視点に学ぶことも忘れずにいたほうが、実践はより豊かなものになるように感じました。
>
> 　保護者と視点を同じくし、不安や悩みを共有するうえでも、子どもの現在が充実するよう支援する姿勢を忘れずにいようと考えています。

編者コメント

　「子どもたちが自分の力で課題を解決していく機会を保障する」ということを基本姿勢としてもちながらも、子どもと過ごす生活の中で子どもの動きに出会う中で、時には「これでいいのか」という迷いが生じることがあります。事例の中でもそのような姿が紹介されていますが、これがとても大切な姿勢だと気づかされます。子どもは今を生きています。子どもたちの姿を大切にして保育することを大事にしていきたいと思います。

COLUMN 1

子どもの目のつけどころ・ひらめき！を
保護者と共有するために❶

ドキュメンテーション提供：出雲崎こども園　コメント：宮里暁美

ぴったり入る隙間見つけた！
おもしろいこと発見!!!

ひよこぐみ　令和5年2月13日

お部屋の引き出しの場所で、
こんなものを見つけました。

コインが引き出しの間の隙間に
きれいに挟まり、並んでいます。

おもしろいことを発見したのは誰だろう…。
気になっていたところへRさんが。
コインを手に持ってきては、
隙間、列がいっぱいになるまで、
その新しいコインをまた並べていきます。
隙間が埋まると、
Rさんは「できたぁ！」と一言。
そして満足そうな表情で
その場を去っていきました。

子どもたちは日々、
私たちが思いもよらない
おもしろいことを発見しています。

自分で見つけたそのおもしろいことに
楽しさや喜び、好奇心が
膨らんでいるように感じます。

〈1歳児〉
ぴったり入る
隙間を見つけて

　保育室の中にある物や家具は、何でも子どもたちの興味の対象になります。

　コインのおもちゃが、気がついたら引き出しの隙間にきれいにはさまっていて、その思いがけなさに、思わず笑ってしまう保育者たちです。

　一つ、また一つと、コインをはめ込んでいるときの子どもの姿は真剣そのもの。その様子を写真が雄弁に伝えてくれています。

　シンプルな文章と写真で、鮮やかに子どもの世界が描かれて、「家でもやっていますか？」と会話が弾むきっかけになりそうです。

子どもの目のつけどころを大事にして、
「あれは何？」を応援できるようになるために、発信が効果を発揮します。
出雲崎こども園のドキュメンテーションから見えてくる「子どもたちの世界」を紹介します。

消えた光の行方を探す

ひよこぐみ　令和5年10月24日

①窓から差し込んだ光がマットに
映っていることを発見！

②少しずつ消えていく
光に気づきます。

保育者
キラキラ（光）
消えちゃったね…
どこいったかな？

Nくん
……めくってみる!?

③ついに光が消えてしまいました！

光が消えた下には緑色のマットが敷かれて
いたので、"この下に隠れたのではないか？"
"この下にあるのではないか？"と
思いついたようです。

光の行方が気になる子どもたちは「どこ？」と言いながら、
さまざまな場所をめくっていきます。でも、いくらめくっても見つかりませんでした。
「キラキラないね」と光がマットの下にはないことを
不思議がっている子どもたちの姿がとても印象的でした

〈1歳児〉
光、どこにいったの？

　子どもたちの興味をひいてやまないものに「光」があります。

　大人になると何も不思議に感じないようなことに、1歳児の子どもたちはじっと見続けます。

　「光」のことを、命があるもののようにして探している姿に惹きつけられます。

　「光」を追い続ける子どもの姿に目を止めて、静かに、そして、確かに記録することの大切さを感じます。

夢を実現する子どもの姿

子どもたちは、夢を抱く。
やってみたいこと、つくりあげたいことなど夢の形はさまざま。
共通しているのは、子どもたちの夢は果てしなく大きいということ。

「こうしよう！」とやりはじめたり、「〇〇が必要」と言ってきたり。
子どもたちの夢に保育者が気づき、
「ああかな」「こうかな」がはじまると、
夢は少しずつ実現への道のりをたどり始める。

子どもの歩み方は、大人の歩み方とは違う。
そのことに大事な意味を感じながら、
3つの事例をお届けします。

いわら保育園（福岡県糸島市）

海賊好きから広がる遊び

Be passionate！子どもがゆったりと生活しながら、さまざまな遊びや体験を通して学んでほしいと思っています。保育者同士の語り合いだけでなく、子ども同士、保育者と子どもの語り合いで保育をつくりたいと考え、日々チャレンジを続けています。

POINT

子どもたちが願いを実現していくプロセスには、葛藤がつきもの。子ども同士、子どもと保育者、相互に生まれる葛藤の中で、気づきが広がった「海賊ごっこ」の事例です。

いわら保育園の4歳児のTくんが映画から海賊に興味をもち、
ブロックで海賊船を作り出したことから始まった、子どもたちの海賊遊びです。
海賊の世界は大きく広がり、保育者の想定を超えて、
園庭の池に海賊船が浮かぶことになっていきました。

エピソード❶
ブロックを全部使いたい（2023年4月）

> 　Tくんは家族で観た映画から興味をもち、最初はブロックで小さな海賊船を作っていたのが徐々に大きく、細かな部分までこだわりが詰まった海賊船を作るようになりました。しかし、一人で大量のブロックを使って作り出すことで他の子が使えずクレームが出始めました。

片づけを呼びかける

　次の遊びに移るときに片づけがされてないことが多かったので、片づけの習慣が身についてほしい、玩具を友達同士で譲り合って使ってほしいとの思いで、次の遊びに移る際には片づけをするように声をかけていました。ブロックを増やす案も出ましたが、「まずは片づけの習慣ができてから！」と、今ある玩具で友達と使うためにはどうしたらよいかを考えて遊べるような声かけをしていました。

エピソード❷
なりきり遊びが盛り上がる（2023年5月）

> 　徐々にブロック以外の玩具を使った海賊の世界ができはじめ、廃材で海賊船を作り出す姿も見られるようになりました。また、家庭で作った大きな旗などを持ってくることもあり、その姿を見て海賊に興味を持ち始めた子どもも出てきました。
> 　そのため、園での親子で参加の行事のなかに、海賊の遊びを取り入れ

るてにしました。それがきっかけとなり、年齢にかかわらず、海賊になりきって遊ぶ子が増えてきました。Tくんをきっかけに、海賊の眼帯を作ったり、さまざまな玩具や廃材を活用し、なりきり遊びが盛り上がるようになりました。

行事のなかに海賊遊びを取り入れ始めると、「海賊の音楽を流してほしい！」など、子どもたちからのリクエストが徐々に聞かれるようになってきました。

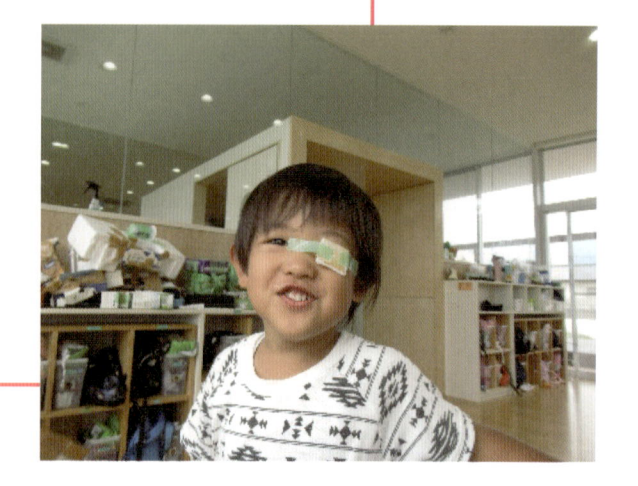

海賊のイメージが広がる

廃材で海賊の眼帯や海賊船などを作っている友達の姿を見て、「私も作りたい」と言って興味を示す子どもが出てきました。そこで、子どもと一緒に見よう見真似で作ったりしていくと、徐々に「旗にドクロマークをつけたい！」「金貨を入れる宝箱がいる」など、細かな部分へのこだわりが見られ、「それを作るにはどういう廃材がいるのかな」「どう作ったらいいかな」と子どもたちと話し合いながら、製作の環境を整えていきました。

子どもの声に耳を傾け、保育に取り入れると、子どもたちで海賊が身につけている装飾品などを色々調べたり、知っていることを教えてくれたり、子どもたちのアイデア・発想には驚かされました。

エピソード❸
海賊船が池に浮かぶ！（2023年6月）

園庭にある池での遊びが盛り上がり始めたある日、園庭に置いてあったプランターや園庭用の玩具を入れていたかごを友達と協力して運び、池に浮かべ始める様子が見られました。

しばらくその遊びを見守っていると、プランターを海賊船に見立て、外遊び用のスコップなどを使って船を漕ぎ、園庭でも海賊船遊びが始まったのです。

はじめは1つだった船が2つ3つと増え、それぞれにさまざまな海賊

船ができ始め、その中で役割決めなど遊びの幅も広がっていきました。また、生き物に興味がある子どもから、「魚がいるから（その遊びは）こっちでしよう」と場所の提案や魚がいる池での遊び方を友達同士で伝え合う姿も見られるようになりました。

池に浮かべ始めた子どもたち

池遊びで使う予定ではなかった玩具や用具を使い始めて遊びだした瞬間、子どもの思いを尊重したい気持ちの一方で、「ダイナミックな海賊ごっこが始まると玩具の扱い方が荒くなり、けがや破損につながらないかな」「池に生息している生き物が傷ついたり生態系が崩れたりしないかな」などの気持ちが生まれ、この葛藤への答えが見出せないまま見守ってよいのかと少し不安に思いながらも、まずは子どもたちの遊び方を尊重し、その様子から今後の課題や方針を話し合おうと決めました。

エピソード❹
海賊のブロックをとっておきたい
（2023年8月〜2024年2月）

ブロックでの海賊ごっこが根強く人気なこともあり、ブロック遊びをさらに深めてほしいとの思いから小さな部屋全体を使い、ブロック遊びコーナーを作りました。

友達同士で話をしながら、海賊船（味方の船や敵の船）や武器などさまざまな種類のものができ、世界が広がってきたこともあり、「壊したくない」「とっておきたい！」との声が出

るようになりました。そこで、ブロックの数を増やしたり、とっておきたいカード（通称：とっときたいカード）を保育者が作成しました。

　そこから、「海をつくりたい！」と青色の紙を床に貼ったりするなど、部屋一面に海賊の世界が広がっていきました。

「とっときたいカード」が誕生

　「とっときたいカード」を作って子どもたちに話をすると、目を輝かせて活用し始める姿が印象的でした。

　「自分の作ったものをとっておきたい」「壊したくない」と毎日の遊びが深まるきっかけになった反面、ブロック1つだけに付けて満足したり、付けたはいいものの、その後カードの所在がわからなくなったり、今後どう活用していくか課題を感じながらも、いろいろな遊びの中で遊びが深まってきました。

　子どもたちの姿を見て、自然と下の学年の子どもたちも「とっときたいカード」を活用し始めていました。

　また、このカードの活用を通して、保育者自身も1日1日やその時間だけでなく日をまたいでも継続する大切さを感じました。

事例5をふり返って

　担任間で「子どもたちの声を形にできる環境をつくりたい」という思いを共有しました。子どもたちの興味・関心を保育者がキャッチし、子どもたちの遊びが広がっていくなかで、子ども同士の意見が相反したり、保育者の思いとは違う方向へ進んだりすることもありました。

　はじめの頃は、保育者の思いや予想を超えていく子どもたちの新しい発想や行動に、「この子どもたちの思いを受け入れて、どんな育ちが見られるだろうか」「私たちの判断は正しいのだろうか」などと葛藤することもありましたが、子どもと保育者が互いに考えを伝え合い、ルールを考えたり、遊び方や環境を見直しをともに進めていくことで、子どもたちの声が形になり、遊びの深まりや広がりにつながっていることを実感することができました。

編者コメント

　「子どもの思い」を受け止め、その実現のためにできることをやってみる、そこからこの事例は始まっています。保育者は、子どものリクエストに応えて海賊の音楽を流したり、子どもたちが遊びを実現できるような環境を整えました。この援助が後押しとなって、子どもたちの遊びは楽しさを増し、池の中に海賊船が乗り出すということにもつながっていきました。「子どものやりたい！を受け止めたい」思いと「これでいいのか？」という迷いの中で保育者は揺れます。保育はこのような葛藤の中で豊かに展開していくのだと考えます。

魚にあこがれて、魚を遊ぶ

長泉町初の保育所として昭和22年に設立。3〜5歳児は縦割り保育で、人とかかわる力の基礎を育むこと、個性を認め合える関係づくりを大切にし、子ども自身が「考える」「感じる」「体験する」ことができるよう意識して保育しています。

POINT

遊びのきっかけをつくるつもりが押しつけになってしまったり、「見守ろう」と意識しすぎるとタイミングを逸したり。子どもの思いと保育者の思いを丹念に重ねながらつくり上げた生活発表会の事例です。

あそかこども園の生活発表会は、1年間楽しんで行ってきたことを子どもたちが話し合い、内容を決めています。
「水族館」「お寿司屋さん」「釣りコーナー」の3つのブースを発表することに決めて取り組んだ記録です。

エピソード❶
捌いた魚を食べてほしい

　以前から、魚や深海魚に興味があった子どもたち。図鑑を見ながら模写することを好み、繰り返し楽しんでいました。また、町が主催した「おさかな教室」でブリの解体ショーを見学するなど、魚への興味が深まった1年でした。

　1月に予定されている生活発表会についての話し合いが始まると、子どもたちから上がった意見は、魚に関連する内容がほとんどでした。

　そんななか、「捌いた魚をお寿司にして、お客さんに食べてほしい」という意見が上がりました。私は「これはおもしろい発表ができそうだ！」と思い、子どもの視野を広げられるよう、水族館に出かけることを提案しました。

　実際に水族館へ足を運んだことがよい刺激になったようで、子どもたちのイメージはどんどん膨らんでいきました。話し合いを行ったところ、水族館に設置されていた「ザリガニ釣り」がよほど楽しかったようで、「釣りもやりたい」という意見が上がります。「捌いた魚をお寿司にする」ではなく、「釣った魚を寿司にする」という流れができあがったのでした。

　内容が決まると、図鑑を見ながら細かく模写する姿が見られました。「クロマグロ」「ブリ」「サバ」「タイ」等、さまざまな魚ができあがって

いきます。図鑑に載っている実際の大きさを調べながら「同じくらいの大きさにしたい」と、描いた絵を拡大コピーし、中に新聞紙を丸めたものを作っていきました。

捌かないの!?

魚を捌くことに興味をもっていたかと思いきや、遊びの発展とともに「捌く」ということは子どもたちの中から消え、魚の「大きさ」や「釣ること」に興味が移り変わっていたのです。

私の中では、「内臓や出刃包丁を作らなきゃ！」「作るにあたって、どのような材料が必要か？」というところまで構想を練っていたので、「魚の解体ショー」のイメージは、ガラガラと崩れ落ちたような気持ちでした。「こんなふうになるんだろうな」と勝手にイメージを膨らませていたため、残念だったというのが正直な思いです。

しかし、夢中になって活動を進めている姿を見て、口を挟みたい気持ちをぐっと堪え、子どもたちの思いを尊重しようと思いました。

今思えば、私が「魚を捌く」ことにこだわって声をかけてしまっていたら、いきいきと楽しそうな表情は見られなかったと思います。

エピソード❷
重すぎて釣れない

大小さまざまな種類の魚が完成し、釣竿を作って魚釣りを始めた子どもたち。新聞紙を丸めた棒を釣り竿にして紐の先に磁石を付け、魚にはゼムクリップを付けました。

一番人気は、難易度の高い大きなクロマグロを釣り上げることです。ところが、いくら頑張っても、重すぎて釣れません。「どうすればいい

か？」と、年長児が考え始めました。

　「磁石を2個にしてみよう」「ゼムクリップも2個にしよう」と話し、改良を重ねていきます。しかし、それでも釣ることができません。試行錯誤しながら繰り返し挑戦している、そのときでした。2人の紐が交差し、魚を釣り上げて（持ち上げて）しまったのです。なかなか釣れずに苦戦していたので、大喜びの子どもたち。「2人でやったら釣れた」ということがとてもうれしかったようです。その後からは、「ゼムクリップや磁石を増やす」のではなく「2人の竿で、魚の表と裏から磁石で挟んで釣り上げる」という方法で繰り返し遊び、満足しているようでした。

　生活発表会当日も、釣りコーナーは「2人で釣るもの」として成り立っていたのでした。

磁石を増やせばいいのに……

　保育者は、ゼムクリップと磁石を増やした段階で、「そうそう！　増やすとくっつくんだよ！」と、心の中で思っていました。子どもたちが試行錯誤を繰り返し、私が描いていた通りに「1人に対して、1本の釣竿で釣る」ということができるようになると思っていたのです。

　しかし、想定していたことと異なる結果となってしまいました。私は、とてもモヤモヤしていましたが、「釣れた！」と大喜びをしている子どもたちの表情を見て、「純粋に釣ることを楽しんでいたんだ」ということに気づいたのです。そのとき、「まずは釣れたことを一緒に喜んであげよう」という思いが芽生えました。

　「ゼムクリップが少ないんじゃない？」と何度も声をかけそうになった、このエピソード。言いたい気持ちを堪えて見守ったことがよかったと思う反面、モヤモヤが残っていたのが正直なところでした。それは、「1人で釣る」という自分自身が決めてしまったゴールに囚われ、「未完成な状態で、保護者の方が参加する生活発表会を迎える」ということに不安と迷いを感じていたからです。

エピソード❸
ゼムクリップを縛ってお団子にする！

　いよいよ迎えた生活発表会。当日は、保護者の方が何度も釣りコーナ

一に足を運んでくださり、子どもたちも自分の担当する係を一生懸命にやり遂げていました。「楽しかったね」「またやりたいね」という会話が聞かれ、子どもたちには達成感のある表情が見られました。

　後日、保育者が「〇〇くんのお父さんは、1人でクロマグロが釣りたくて、何度も挑戦していたね」と投げかけたところ、「重すぎるから釣れないよ」「2人でやったら釣れたから、もういいんじゃない？」と、子どもたちの後ろ向きな反応がありました。そのとき、「ゼムクリップを20個にしてみたらどうかな？」という子が現れました。

　保育者がタイミングをうかがって隠し持っていた大量のゼムクリップを渡すと、子どもたちは「1個、2個、……」と数えながらクロマグロの口の部分に並べ始めたのです。

　20個付け終えたところで再び挑戦しますが、それでも釣れません。「どうしてかな？」と問いかけると、話し合っていくなかで「ゼムクリップとの間に隙間が多いから、磁石がつかないところが多い」と気づいた子どもたち。どうしたらよいのか試行錯誤していくと、「20個のクリップを、縛ってお団子にする」という答えに辿り着きました。

　団子状になった20個のゼムクリップがついたクロマグロは、すんなりと1人の力で釣り上げることができたのです。交代しながら、たくさんの子が釣りを楽しんでいたのでした。

やっぱり一人で釣りたいと思わない？

　私は、初めにゼムクリップを並べ始めた段階で、「ようやくゴールに辿り着くと思っていたのに、また失敗するようなことをしている……」と思っていました。もどかしさを感じましたが、「試してみることも大事」だと考え直

し、経過を見守ることにしたのです。

　子どもがクリップをひとまとめにすることに気づいたときは、「やっと気づいてくれた！」と、安心したことを覚えています。

　子どもたちが釣りを楽しむ姿を見てひと安心した私は、「また結果を求めてしまっていた自分」に気づきました。考えて、失敗して、また挑戦して……という過程を大切にしたいと思っていたはずなのに、成功を急いでしまっていました。

　今回は、子どもたちが成功体験をすることができてよかったですが、自分の課題を痛感しました。同時に、過程を大事にする理由と、子どもがもっている力を信じることの大切さが実感できたような気がしています。

事例6をふり返って

> 　保護者の目を気にしたり、それ故に「完成形」を求めてしまったりする自分への葛藤もある現状です。
>
> 　しかし、日々子どもとかかわるなかで、大人が先回りして言葉をかけるより、「自分自身で考え試行錯誤したほうが、子どもの表情がいきいきしている」ということを実感しています。今はまだ「教える構え」を捨てきれずにいますが、いつか、子どもたちとのずれを心の底から一緒に楽しみ、喜べるようになりたいです。自分自身が、「こうなるであろう」という思い込みを捨て、物事を多面的に考えて過ごしていきたいと思いました。

編者コメント

　「捌いた魚を寿司にしてお客さんに食べさせたい」という子どものアイディアは、保育者の心をとらえ、保育者の中に実現のためのプランが次々に浮かびます。ところが、水族館で魚を見た子どもたちは、魚を捌くことよりも釣りに関心を移してしまいました。作った魚を釣ろうとしてもなかなか釣れなかった場面でも、解決方法は保育者が描いたものとは大きく違いました。保育者の思いとともに語られる事例を読むと、子どもたちのすることと保育者の予想がずれるということは、子どもたちが素敵に育っていることの証なのだと気づかされます。

乙房こども園児童クラブ（宮崎県都城市）

小学生が作った
サウナ・SASUKE

POINT

「自分で考え自ら遊ぶ」を目標に、子ども主体の遊びが大切にされるなかで生まれた「サウナ作り」と「SASUKE作り」です。「とりあえずやってごらん」と子どもたちに任せていると、子どもたちは大人の発想を大きく超えた遊びを展開していきました。

乙房こども園の敷地内にある乙房こども園児童クラブには、約80名の小学生が通っています。児童クラブでは "自分で考え自ら遊ぶ" を目標に、子ども主体の遊びを大切にしています。

乙房こども園児童クラブでは、自分たちで工夫して皆で協力しながら
試行錯誤してゴールにたどり着くことを大切にしています。
「まずはあるものを利用して作ってみようよ。それでもどうしてもできないときはまた考えようか」
と声をかけ、様子を見守るなかで生まれた遊びです。

エピソード❶
サウナ作り

　夏休みの30℃を超える気温のなか、一日中水遊びを楽しむ小学生たち。乙房こども園児童クラブのプールは「親父の会（職員、保護者共同の遊具作り活動。年2回程度）」の手作りの8メートル×8メートルの大きなプールです。井戸水を汲み上げているので、水温は18℃ととても冷たく、長く入っていると唇が紫色になることもあります。

　保育者が「寒いんじゃない？　いったん上がる？」と声をかけても「寒くない！」と言ってなかなか上がりません。そうはいっても限界がくると、自らプールから上がり、日向ぼっこをして体を温める姿が見られていました。

きっかけは「この部屋暑い！」のひと言から

　そんなある日、ボールを出すためにプレハブ倉庫に入ったK.Yくん（小学4年生）があることを思いつきます。「この部屋暑い！　プールの後に入ったら気持ちいいんじゃないかな」。

　その通り、夏の日差しに晒されたプレハブ倉庫は長い間は入れないほど暑いのです。それは瞬く間にほかの子どもたちにも広がり、プールで冷えた身体をプレハブ倉庫で温めて、十分汗をかいた後にまたプールに入る。これが大流行して、しばらくはプールと倉庫を行き来する子どもの姿が見られました。そうなれば「サウナを作りたい！」となるのは当然の流れで、さっそく"サウナ作り作戦会議"が始まりました。

サウナ作りのプランを考える

　まずは、どんなものをつくるのか、どうやって作るのか、何が必要なのかを調べていきます。大人に聞いたり、インターネットで検索したりしました。「熱を

逃がさないようにしないといけないね！」「どうやって湯気を出す？」「石を焼いて水をかければいいんだよ！」「整い椅子も欲しい！」と、どんどん話は盛り上がっていきました。そして、話し合いの結果、欲しいものリスト（サウナテントやサウナストーン、整い椅子等）を私（園長）のところに「買ってほしい！」と持ってきたのです。

　計算すると、総額20万円を超える買い物でした。私は「買うことは簡単だけど、自分たちで工夫して皆で協力しながら試行錯誤してゴールにたどり着いてほしい」と願い、購入は丁重にお断りしました。

　「まずはあるもので作れないかやってごらん」と呼びかけると、そこから、本格的に小学生のサウナ作りが始まりました。

予算0で始まった小学生のサウナ作り

　まずは土台となる木材を探します。園内にあるものだけでは足りず、地域の大工さんに廃材を分けてもらいました。ノコギリやインパクトドライバーを使い、材料を組み立てていきます。子どもの力だけでは難しい箇所は大人に手伝ってもらいました。周りを囲うビニールは菜園で使うトマトハウスのビニールと倉庫にあったブルーシートを使いました。熱する石は、手ごろな大きさのものを拾い集めました。

　毎日メンバーが揃うわけではないので、できる人ができる時間に作業を進め、できあがったのは1か月後になりました。

とうとうサウナ完成!!

　完成するとさっそく、焚火場でフライパンに乗せた石を熱していきます。

普段から日常的に焚火をしている小学生にはお手の物です。十分に熱した石を慎重にサウナの中に運び、熱々のうちに水をかけます。「ジューッ」という音とともに蒸気がサウナの中に広がります。

　「やった！」サウナの中は大歓声に包まれました。嬉しくて、「見て見

て！」次々と大人を招いては完成したサウナを体験してもらいます。もちろん私も呼ばれ、服を着たままサウナを体験したので、汗と蒸気で服はびしょ濡れになりました。それでも、その完成度には驚かされました。それからしばらくは、プールの横で焚火をし、冷たい井戸水と熱い蒸気を交互に楽しむ子どもたちの様子が多く見られました。

　石を速く温めたいがために焚火の勢いを強くしすぎて、日よけの寒冷紗を溶かしてしまうという失敗もありましたが、蒸気にアロマを加えて匂いを楽しむといった発展も見られ、夏の間、十分にサウナを楽しむことができました。

　乙房こども園児童クラブでは、9月下旬にプールを解体します。10月初旬にこども園の運動会があるからです。わかっていたことですが、サウナも解体することになりました。最後のサウナを堪能し、子どもたち自らの手で解体しました。来年も作ると心に決め、夏が終わりました。

エピソード❷
SASUKE作り

　子どもたちは乙房こども園のぼっこ広場（第二園庭）で日常を過ごしています。そこは2500㎡ほどある広場で、築山やターザンロープ、巨大ブランコ、コンパネ登り台、ツリーデッキ等の「親父の会」手作りの遊具があります。

　そのアスレチックのような遊具で遊ぶなかで、テレビ番組の「SASUKE」のように落ちたら失格したり、時間を競ったりするような遊び方も出ていました。

K.Kくんのひと言からSASUKE作りが始まる

　そのようななか、年末の特別番組で放送されたSASEKEを見たK.Kくん（小学4年生）が「ぼっこ広場にSASUKEを作りたい！」という思いを募らせ、仲間集めを始めました。子どもたちの話し合いは盛り上がり、最初に作りたいと案が挙がったのは"パイプスライダー"という鉄パイプにぶら下がり、身体の反動を使って前に進んでいくコーナーでした。K.Kくんを中心に5名ほどの小学生が、「パイプスライダーを作りたいから、単管パイプを買って！」と私に言ってきました。

「あるものを活用して作ってみよう」と呼びかける

　私はサウナ作りと同じように、すぐにお金を出すことはせずに、「まずはあるものを利用して作ってみようよ。それでもどうしてもできないときはまた考えようか」と声をかけ、様子を見守ることにしました。すると、また子どもたちで話し合い、「大工さんからもらった廃材を使えばクワッドステップ（斜めの壁を落ちないように跳び渡る）ならつくれるんじゃない？」となり、つくってみることに。

　木材を斜めに切るところ等、難しいところは大人が手伝いながら作業を進め、そんな姿を見た他の子ども（女の子含む）も「手伝いたい！」と集まってきて、一大プロジェクトになりました。

次々とコーナーができあがっていく

　そして遂にクワッドステップが完成し、小さな達成感を味わった子どもたちは次々とコーナーをつくり始めます。園内にある材料もしくは簡単に手に入りそうな物を使い、元々あった遊具も利用しながら自分たちに作れそうなものを作っていき、コースが少しずつできあがっていきます。

　結局、❶クワッドステップ、❷綱渡りor板渡り、❸丸太渡り、❹そりたつ壁、❺ターザンロープ、❻不ぞろい丸太、❼SASUKEタワーの7つのコーナーができました。最後に押すボタンの代わりに、スラックラインの結び目を触るとゴールということに決まりました。

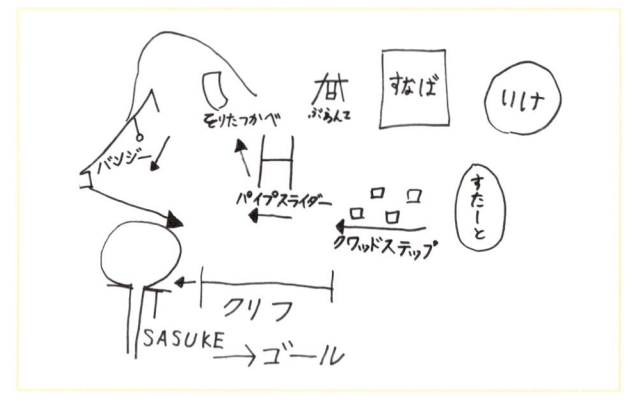

子どもたちが描いた全体図案

SASUKEコース完成。挑戦する子どもたち

　ついに児童クラブオリジナルのSASUKEコースの完成です。完成までに実に1か月を要した大作でした。完成したSASUKEにみんなが挑戦し、意外にもすぐにもクリアされてしまうという誤算はありましたが、何よりみんなが本当に楽しんで挑戦している姿に、作ったメンバーはどことなく誇らしげに見えました。

変化し、楽しまれ続けるSASUKEコース

　その後、簡単にクリアされてはおもしろくないと、制限時間を短くして難易度を上げる対策を講じていました。さらに、次々とクリアしていく小学生を見たこども園の年長児が続々とチャレンジをはじめ、なかなかクリアできずに悔し涙を流したり、何度もチャレンジした末にやっと成功し飛び上がって喜んだり、小さい子向けに"1歩だけなら落ちても大丈夫"というお助けルールができたりと、まだまだSASUKE人気は続くようです。

事例7をふり返って

　子どもに任せてみることを大切に、「とりあえずやってごらん」のスタンスで子どもたちにかかわっていますが、夏場のプレハブ倉庫の暑さとプールをサウナと水風呂に見立てての遊びは大人の発想にはないものでした。プレハブ倉庫は一歩間違えると熱中症にもなりかねないですし、焼石を扱うことは火傷の危険性もあります。楽しむ子どもの裏で、大人はヒヤヒヤの連続でした。危険には細心の注意を払いつつも子どもの「やってみたい」を大切にした指導員の配慮に感謝するとともに、小学生の発想と実行力に感銘を受けました。

編者コメント

　児童クラブ内にあるものを活用して、本格的なサウナやSASUKEを作り上げていく小学生たちの姿は頼もしく、同時に笑いに包まれています。自分たちの夢を実現するための空間と仲間と時間、そして、子どもたちを信頼する大人がいれば、小学生たちはすごい力を発揮する。幸せの秘訣は「遊び」にある、と気づきます。

COLUMN 2

子どもの目のつけどころ・ひらめき！を
保護者と共有するために❷

ドキュメンテーション提供：出雲崎こども園　コメント：宮里暁美

運動場で円柱のソフトブロックを積み上げ始めるRさん。
3つまではスムーズに積み上げますが、
4つ目を積み上げることが難しく
何度もチャレンジしているうちに
腕や足が思うように動かなくなってきたようです。

うさぎ組　R5・4・19（水）

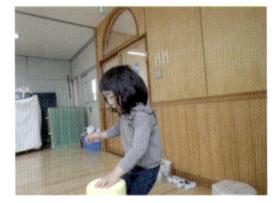

「あきらめたくない！！」

「やってあげようか？」という友達の言葉掛けにも
「じぶんでやりたいの！」と答え、
最後まで自分一人で頑張りたいという
強い意志が伝わってきます。

あきらめたくない！
けれど、悔しくて涙が出てきます。

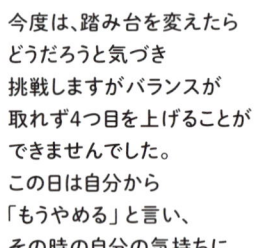  

今度は、踏み台を変えたら
どうだろうと気づき
挑戦しますがバランスが
取れず4つ目を上げることが
できませんでした。
この日は自分から
「もうやめる」と言い、
その時の自分の気持ちに
折り合いをつけたように片づけ始めます。
Rさんの気持ちの成長も感じます。
色々な遊びや生活の中で達成感を味わってきた経験が
「あきらめたくない！」という意欲につながっています。

<2歳児>
揺れる心は成長の証

　自分の思いを出していろいろな遊びに取り組んでいる子どもたち。そこでは葛藤する場面が出てきます。ここで紹介されているエピソードは、自分が実現したいと思ったことと、実際にできることとの間の「ずれ」に直面し、葛藤する姿です。

　思い通りにならない事態に直面し、何度もやってみる姿。あきらめたくない！という気持ち。それらが克明に記録されていて、「今」の大切さが実感できるのではないでしょうか。

子どもの目のつけどころを大事にして、
「あれは何?」を応援できるようになるために、発信が効果を発揮します。
出雲崎こども園のドキュメンテーションから見えてくる「子どもたちの世界」を紹介します。

らいおん組　　　　　　　　　　　　　令和6年4月8日（水）

ムスカリが持つ特徴に関心を寄せる

園庭に出ると春の訪れを告げるようにたくさんの草花が咲いています。そのなかでムスカリという花に関心を抱き見つけては大切に集めていたMさん。匂いを嗅いだりカップいっぱいになったムスカリを眺めて満足そうにしています。すると、Mさんは「これつぶしてみたらどんな感じになるんだろう?」とムスカリの中身や色、感触がどんなものなのか知りたいという探究心に駆られます。

保育室に戻り、保育者がすりこぎ棒を用意するとMさんはすりつぶしやすいように大きめの空き容器にムスカリを移し、すりこ木棒でムスカリの一粒一粒を力いっぱい押しつぶしてみます。
その途端、中から薄青紫色をした液体が染み出てて「わー!なんだこれー!」とMさんは興味津々。夢中でムスカリをすりつぶし続けますが、しばらくすると「なんか納豆みたいにねばねばしてる!!」とムスカリから染み出た液体に粘性があることに気がつきます。
その後も、Mさんはムスカリの液体の性質をおもしろがりながら、ムスカリを空き容器に追加してはすりつぶすことを繰り返していました。

試してみなければ決して気が付くことができなかったであろうムスカリが持つ興味深い特徴。粘性があることを発見し、意外性がある植物の性質や不思議さ、面白さに触れたMさんなのでした。
子どもの思いつく"やってみたい!"は私たちも気づかない新たな発見へとつながる大切な気持ちであり、それが常に溢れている子どもの姿に頼もしさやパワフルさを感じさせてくれますね!

〈5歳児〉
ムスカリの中身ってどうなっているの?

春、さまざまな花が咲き、それを摘んで飾って遊んでいた子どもたち。匂いを嗅いだり、色の美しさを感じるなど「感じる」を十分楽しんだその先で、「中身はどうなってるの?」という関心が芽生えたようです。

子どもの中に芽生えた「興味・関心」は、「いいね!」と受け止められ、探究の道具も揃いました。

そこから始まったことは…。子どもたちの探究の様子に引き込まれます。

「遊びの中に学びがある」という大切なメッセージが伝わってきます。

保育を少し変えてみる

子どもたちがいきいきと過ごすように
自分の思いを出して遊びを作り出せるようにと願い、
何かおもしろいことが起こるようにして
今までの「当たり前」を見直してみる。
「どうしたらいいの?」と考え合ってみる。
「ここをこうしたら……」とアイデアを出し合ってみる。

そのようにして始まった保育の記録です。

大切なのは「少し変えてみる」ということ。
少し変えて、様子を見て、また少し変えてみる。
行きつ戻りつして進む一歩一歩の中に、学びや発見があります。
それを大切にしたいと思うのです。

佐賀女子短期大学付属ふたばこども園（佐賀県佐賀市）

"危ない"を "楽しさ"に変えるには

ふたばこども園は、0・1歳児専用の園舎と園庭があります。0歳児9名、1歳児24名がクラスを分けず、同じ空間で生活をしています。0歳児から「遊びは学び」という目標を意識して、保育をしています。

POINT

「危ない！」とすぐに止めてしまいがちだったことを見直して、子どもの思いに着目し「どうしたら」と考え合い保育を見直すことから始まった実践の記録です。

佐賀女子短期大学付属ふたばこども園では、
身体機能が発達し、ハイハイしていた子が歩き出し、そして小さな段差を超えたり、
遊具の傾斜を登ったりすることができるように環境や保育のあり方を見直したことで、
遊具の棚に登ったり、入ったり、高い場所や狭い場所を好むようになっていった記録です。

エピソード❶
高いところ・狭いところ大好き

> 棚に登ったり、入ったりすると、「危ないよ」「そこはバツ」と子どもの気持ちを考える前に保育者が遊びを邪魔していました。そこで、保育室の環境にくぐったりまたいだり登ったりできるような遊具を作りました。階段を登ったり下りたりできるものや牛乳パックをロの字にした物をつなげて中に入れるような遊具を用意しました。初めは、段ボールの上に登って降りたり、ロの字の中に入ったりして遊んでいました。

棚だって遊び場

どうしたら安全に遊べるか

　一人ですっぽりと入れる大きさが心地よかったり、狭く囲われた空間は子どもたちを安心させたりするのだと感じました。0歳児は1歳児の遊びを真似して狭い場所に入ったり、手や足を上手に使って登ったり入ったりしていました。1歳児は、0歳児が登れると「できたね。上手」と褒めたり、譲ったりする姿が見られ、同じ空間で過ごすことがお互いによい刺激になっていると思いました。

狭いけど自分だけの場所

　遊びに慣れてくると、牛乳パックの縁に立ったり、ロの字を横に倒した状態で上に乗ったりすることを楽しむようになりました。保育者は、トンネルとしてくぐったり、中に入ったりする目的で用意したので予想外な子どもたちの発想や「やってみたい」という姿に驚きました。しかし、危険な部分も多く、職員の中では「上に乗ることは止めにしたほうがいい」という意見もありました。

登って入った特別な場所

　子どものやってみたい気持ちを最優先にできるように、子どもたちの年齢や身体的発達を考慮して、遊具の高さや大きさ、保育者の見守る位置などを

職員間で話し合いました。また、牛乳パックを横にした状態の上部分に段ボールを重ねて貼り、強度を高め、安全面も考えました。

初めは、登りたい気持ちが強く友達が登ろうとしたところに無理に登ろうとする姿がありました。遊んでいるうちに「順番だよ」「かーわって」など思いを少しずつ伝えられるようになりました。また、トンネルにして両側から「おーい」と顔を見合わせたり、上に並んで座ったり友達の存在に気づくきっかけにもなりました。さらに、足や身体全体を使ってどうすれば登ることができるか考える力やバランス感覚、実際に登れたという喜びなど多くのことを子どもたちはこの遊びから学んでいました。

「やってみたい」VS「危ない」

保育者は子どもの姿を見て「危ないよ」「しないでね」と声をかけがちです。しかし保育者は子どもの「やってみたい」気持ちを受け止める最大限の努力をすることが大切だと思いました。保育者によって危ないと感じる基準もバラバラなので、日々話し合いを繰り返し、思いを共有したり、場所や人数など環境を見直したりすることが不可欠だと思います。そして、何でも制限するのではなく、子どもはどうしてそのような行動をするのか考え、時にはその子どもたちの意外な発想を受け止めて保育者もやってみることで子どもも保育者も楽しめると思いました。

エピソード❷
三輪車って、いつどこでどうやって遊ぶ？

　4月は新入園児の0歳児5名、新入園児の1歳児15名、進級児の1歳児9名の29名でスタートしました。園庭や保育室の環境を考えるなかで、話題になったのが、園庭の三輪車の使用についてでした。4月初めは、子どもの安全を考え、「三輪車はしばらく出さないでおこう」ということを職員間で話をしていました。しかし、新しい担任や新しい友達がいることなどで、前年度と雰囲気が大きく変わり、進級児も不安な表情を浮かべることがありました。そこで、進級児が少しでも安心して過ごせる遊びは何かと考えたときに、やはり「昨年度好きだった三輪車を出すのがよいのではないか」ということになりました。そして、園庭に三輪車を出して、遊べるよう変えてみました。

やっぱり危ないかな……

　三輪車を出して、しばらくすると、3つの課題が出てきました。1つめは、三輪車と園庭で遊んでいる子どもの衝突です。幸い、大きな衝突でケガにつながることはありませんでしたが、「ヒヤッ」とする場面がいくつかありました。2つめは、進級児の三輪車を見て、歩き始めた子が真似をして乗ろうとしたり、うまく進めず転倒したりすることがありました。3つめは、三輪車は数に限りがあり、取り合いになってしまうということです。この3つの課題については職員同士で、毎日のふり返りの中で何度も話題になりました。

　「三輪車を出す時間を決める」「三輪車に乗れるスペースを限定する」など、保育者目線で安全を考慮し、いくつかの案が出ました。しかし、保育者目線での安全管理だけで、実際に遊んでいる子どもにとってはどうなのだろうと考え直すことにしました。子どもの「三輪車に乗って遊びたい」という気持ちを第一に考え、衝突や転倒などのケガにつながることは、職員がもっと目配り、気配りをして防ぐようにしていこう、三輪車にまたがるのがやっとの子には、手を添えて、支えながらでも乗れたことを一緒に喜ぼう、取り合いも集団の中での大事な学びとして「乗りたかったね」「友達が使って

いるから待っていてね」と子どもに寄り添いながらかかわることが必要だということになりました。園庭で三輪車を出して、他の遊びも一緒にする中で、職員のかかわり方や声かけ、立ち位置をみんなで考えるようになると、ボールで遊ぶ、砂場で遊ぶ、泥んこで遊ぶ、滑り台で遊ぶという、園庭のたくさんの遊びの一つとして三輪車で遊ぶことが当たり前になっていきました。

三輪車の遊び方

　「三輪車に乗って遊ぶ」というのは大人の考えで、子どもは自転車でいろいろな遊び方をして楽しんでいます。三輪車をひっくり返してタイヤを回してみたり、タイヤのくぼみにどんぐりを入れてみたりするなど、三輪車を遊びの道具の一つとして使っています。

　ある日、2人の子が三輪車に乗って遊んでいました。すると、三輪車同士を正面衝突させ始めました。「危ない！」と思う気持ちで止めようとしましたが、2人の表情はにこやかで、ドンとぶつかると声を上げて笑い合っていました。

　何を楽しんでいるのだろうと考えたときに、友達と一緒が嬉しい、ドンという振動が楽しいのではないかと考え、見守ることを大事にしました。

　夏には三輪車に乗ったまま水遊びをして水たまりに入り、水しぶきをあげたり、洗車ごっこをしたりしました。秋には、枯れ葉の上を通り、サクサクパリパリという音に気づき、何度も通過したり、止まって足踏みをしたりしている姿が見られました。

三輪車を楽しむなかで

保育者がどこまで見守り、どこで援助するのかを見極めてかかわることで、いつのまにか「ヒヤッ」とすることがなくなりました。子どもたちも、友達を避けながら乗ったり、「どうぞ」と譲ってあげたり、遊びの中でたくさんのことを学んでいっていると感じました。

事例8をふり返って

2つの事例で取り上げたように、子どもが思いもよらないことをしたときに、それが危ないと思うようなことであっても、「そんなことを思いつくのか！」と、肯定的に受け止める職員になれたらいいなと思っています。

子どもの「やってみよう！」を大切にしたいという職員の想いと一緒で、職員たちの「やってみよう！」の想いも大切にしたいです。目の前の子どもたちが何を楽しんでいるかということに着目し、それに応じて環境を準備し、子どもの姿を見てふり返っていくことの繰り返しだと思います。子どもも保育者もワクワクする環境を目指して、楽しみながら保育をしていきたいと思っています。

編者コメント

子どもたちは上に登ることが大好きです。登りたくなるとなんとしてでもやりとげようと身体全体を使って取り組んでいます。問題は子どもたちが登ろうとしている対象です。不安定なものやピアノの上などは登ることにはふさわしくなく、止める必要があります。そのようなときに「こっちに登ろう」という提案ができると、子どもたちのやりたい気持ちが保たれます。

事例の中でも「子どもたちはそれがやりたいのか、ならばこれなら」と提案しています。三輪車についても「いつもなら」ということよりも、「今年のこの子たちなら」で考えて、三輪車と子どもたちのかかわりを支えています。「こうかな」「ああかな」と保育者同士が考え合い対応していく姿勢に学ぶことがたくさんあります。

風の丘めぐみ保育園（東京都世田谷区）

「全部使いたい！」を
受け止めることから

POINT

玩具の独り占めや環境構成を、保育者同士の対話を通じて考え、試行錯誤するなかで、保育者それぞれの価値観や経験が園全体の学びにつながっていくプロセスを示しています。

風の丘めぐみ保育園は、定員は78名の2022年4月に開園した新しい園です。園のコンセプトフレーズは、"風にのる 森に暮らす" です。

風の丘めぐみ保育園は、2022年4月に開園。
「子どもを大切にしたい」「ありのままでいられるような場所に」
「大人も子どもと一緒におもしろがりながらともに生活を」という
思いを共有し、保育者それぞれがもっていた
「よい保育像」をすり合わせながら、試行錯誤しています。
そのような園での保育の様子です。

毎月行う園内研修の時間を大切にしている

保育者一人ひとりの違いに気づく

　実際に保育が始まってみると、園で当たり前に行われることや保育者が常識だと思ってやってきたことが、保育者一人ひとり違うことを目の当たりにします。

　保育者間の違いが生じたときこそ、対話のチャンスであり、みんなで保育をつくっていくことの大切なタイミングだと思いますが、日常的にそういったことがありすぎて、余裕もないままに、とりあえずの合意形成をしてきました。一人ひとりの保育者がそのとき何を大切にしたいか、園としてどのような方向性を大事にしていくか、葛藤していました。

3歳児が夢中になる木製の電車＆レール

エピソード❶
「全部使いたい！」から始まる保育

　3歳のA児が、木製のレールとそこを走らせる電車を、あるものすべて長くつないで、「全部使いたい。全部ぼくのものだ！」と独り占めしていました。

　ほかに、主に3名の幼児も同じ玩具が好きで使いたがったのですが、「絶対にいやだ、全部の自分のものだ」と言い張り、毎日大きな声で怒ったり泣いたりして、ときには玩具を持った手を友達に振り下ろしたり、押しのけようとするのです。

　保育者はその都度仲裁に入り、A児に「保育園のおもちゃはみんなのものだから、他の人と一緒に使おうね」「一つくらい分けてあげようよ」と諭していました。A児は、保育者と話すときは、保育者の目をみてう

なずきながら話を聞き、わかっているような姿は見せるものの、次の瞬間、「全部使いたーい」「どうしてもあげたくないんだ！」とまた言い出します。

　保育者も困ってしまい、使いたくても使えない他の幼児に、「今は使っているみたいだから少し待ってあげてね」というように伝えたりしてみました。どうしたらよいのだろうかと、モヤモヤしている日々を過ごしていると、他の子どもたちが、A児が他のことをしている隙に、見つからないように隠れて電車で遊んだり、A児がお休みの日に「やったー、○○くんお休みだ！（だからきょうは電車で遊べる）」と喜んだりする姿が見られました。

　保育者はこういうときどうすればいいのかという答えを求めモヤモヤしながら数週間が過ぎました。

　そんなある日、一人の保育者が、使っているものがわかりやすくなるとよいかもしれないと思い、電車を4つずつプラスチック容器に入れることを提案しました。保育者間で相談してやってみようということになり、電車の玩具好きの子どもたちにもこのことを提案してみました。子どもたちもとりあえず受け入れてくれ、いつもは独り占めしてしまうA児も、1つの容器を持ち、自分のプラスチック容器の中の電車だけで最後まで楽しそうに遊んでいました。

さまざまな方法を試してみる

　保育者たちは「みんなで使う」「折り合いをつけて遊ぶ」ことができないA

少しずつ集団で遊ぶ楽しさを知っていく

子ども同士で試行錯誤する姿が毎日見られる

児に、正直「困ったな」という思いが強く、A児の気持ちに共感できずにいました。「もう幼児なのに」とか「とにかく使えない子がかわいそう」という視点を意識しすぎていました。

　その渦中にいると、何か答えがあるのではないかと正解探しをしてしまいがちです。この事例のやり方が正解だったと思っていたわけではないですし、子どもたちにとって何が最適解なのかと考え、探そうとすることは大切です。しかしその時々で最善な方法を考え、さまざまな方法を試してみることが大切なのだということに気づかされます。そのことこそが、大人も子どもも、一緒におもしろがりながらともに生活をしていくことなのでしょう。

保育者と子どもで相談しながら決めることも

事例9をふり返って

　当園の保育のなかでは、子どもと子ども、子どもと保育者、保育者同士が「ずれて当たり前」とか「ずれているからこそおもしろい」ということが無数にあります。しかし、「ずれ」そのものを肯定的にとらえたり楽しめたりすることばかりではありません。

　しかし保育者が「ずれ」に気づき、それを感じ考えあい解決するという視点ではなく、保育を考えることができる機会になりました。ただ大人が、正しいと思うことやイメージを方向づけるのではなく、さまざまな考えを基に保育を行い考え合っていくということに気づくことができました。

編者コメント

　この事例のおもしろさは、「ずれ」はネガティブな要素ではなく、むしろ保育を豊かにするきっかけとして積極的にとらえられている点にあります。玩具を独り占めする子どもへの対応では、提案をするだけではなく、子どもたちと一緒に考え、試行錯誤することで状況の改善を図ろうとしています。この事例が示しているように、こういったときにこそ、保育者としての成長の機会であり、そのこと自体を楽しみながら、保育の実践を作り上げていく姿勢が興味深いです。さらに、保育者同士だけでなく、子どもとのかかわりにおいても、感情や思いを理解し互いに交流し、どのようにそれを理解し合いながら日常を築いていくかを考える点が魅力といえるでしょう。

台東区立ことぶきこども園（東京都台東区）

「このままでよいのか？」
園環境を見直してみる

平成21年に台東区初の公設民営こども園として開園しました。旧小学校校舎を改装した施設で、1階に幼児保育室、2階に乳児保育室があり、3階には寿子ども家庭支援センターが併設されています。毎年公開保育を実施しています。

POINT

子どもたちの「やりたい」という思いに気づき、それを受け止めていくための試行錯誤が始まります。どうしたらよいのか考えて、やってみて、子どもの動きを見てまた考える。丹念な実践の記録です。

台東区立ことぶきこども園では、幼児クラスの子どもたちは、
「園庭行ってくるね」と室内・戸外を自由に行き来し、やりたいことを見つけて遊んでいます。
一方で、2階で過ごす乳児クラスの子どもたちの動きは、それほど自由ではありません。
子どもたちが興味を示したときにやりたいことをできるようにならないかを
保育者同士で話し合い、可能性を探った実践です。

子どもの「やりたい」を実現するために

　園のおおまかな遊び場としては、保育室や廊下、園庭、屋上があり、広い
園舎の場に応じてさまざまな玩具が置いてあり、遊べるようになっています。
保育者は、週案・前日のふり返り・他学年との打合せをもとに、担任保育者
同士で子どもの人数や様子から、当日の遊びの場を最終的に決めていきます。
保育室には、電車や人形、ブロック、手先を使う遊具などの玩具が自由に取
れるように置いてあり、廊下にはマットや引っ張り玩具、コンビカーなどの
体を動かせる遊びを設定します。製作遊びをするときは、食事スペースの一
部を使い、室内をパーテーションで区切って実施しています。保育者と子ど
もたちはこれらの場に分かれて、食事前まで遊びます。

2階保育室前の廊下で
コンビカー遊び

1階園庭 砂を見つけて砂遊び

5階屋上 芝上で散策・乗り物遊び

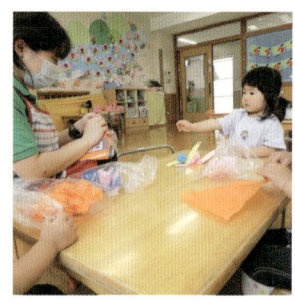

保育室から廊下の遊びを覗く子ども　パーテション越しに見つめる製作遊び　廊下と保育室の扉を開放して遊ぶ　長い廊下の隅々までが遊び場

エピソード❶

いろいろな場で遊ぶ子どもたち

保育室内にいる子どもが、代わる代わる製作遊びをし、そろそろ片づけようとしていたところに、廊下や戸外で遊んでいた子どもたちが戻ってきました。すると、「何していたの？」「これ、やりたい！」と、片づけをしている保育者に話しかける子どもがいました。

保育者は「今は給食だから、またね」「おやつ後にできるかな」と返します。次の日には、廊下から扉越しに製作遊びをしている姿を見て、「あっちいきたい」と気持ちを示す子どもがいました。「今日はまだやってない子がやっているからね〜」と、再び廊下の遊びに誘い始めます。

「もし〇〇だったら」という保育者の不安を乗り越えて

やりたい意思を示す姿があるのに、子どもの「やりたい」という思いに応えてあげられていないのではないかと考えるようになり、子どもたちが興味を示したときにできるようにならないかを保育者同士で話してみました。

室内と廊下に遊ぶ場を設定しましたが、部屋のつくりとして間に受け入れ室が存在するため、子どもが自由に行き来することはできません。そのため、はじめに廊下に連れていくメンバーを決めるときは、保育者が「体を動かしたそうにしている」「今日設定した遊びを楽しめそう」「昨日廊下に行っていなかった」などを勘案して連れていきます。遊んでいる途中で、「遊びに飽きてきている」「15分ほど遊んでいるから食事まで体力がもたなくなるかもしれない」などと保育者が感じ取った時点で、メンバーの入れ替えをしています。

子どものやりたいことを第一優先に考えているつもりでしたが、生活リズ

ムのことやみんな平等に経験させたいという保育者の願いが強くなり、保育者主導になっていることに気づきました。

そこで、「子どもが求めていることは何だろう？」「自分で遊ぶ場を選べるようにするにはどうしたらいいだろう？」という話題になりました。

保育者みんなで話し合うなかで、「室内と廊下の間の受け入れ室を通り道として開放し、行き来を自由にできるようにしてみてはどうか」という意見が出ました。

「通り道にした受け入れ室が遊び場になってしまったらどうしよう」「保育室と廊下の行き来が楽しくなって走り回ってしまったらどうしよう」「廊下に子どもたちが集中してしまったらどうしよう」といった不安もありましたが、まずはやってみることにしました。

エピソード❷
室内と廊下の行き来を自由にする

> 室内と廊下の行き来を自由にすると、子どもたちは興味のあるところを自分で見に行き、どこで遊ぶかを自分で決める姿がありました。廊下へ続くベビーゲートが開いても全員が出て行くわけではなく、室内に残る子どもがいたり、少し遊ぶと室内に戻り、また廊下に出ることを繰り返す子どもがいるなど、一人ひとりがいきいきとした表情で遊んでいます。

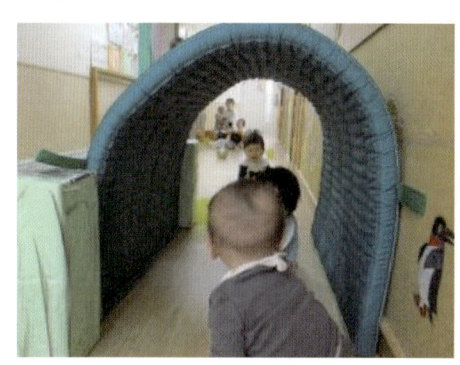 

不安は新たなチャレンジの助走

月案会議の際に、感触遊びの環境をどのように設定するかについて、保育者間で相談しました。

行きたい所へ、パーテションを開放！

"どこでも"保育者とじっくり遊ぶ

　「1週間継続して遊びを出し、そのなかでみんなが経験できるようにしよう」「1日4、5人ずつ経験すれば、1週間のなかで全員が1、2回は経験できるよね」という意見が出るとともに、「やりたいと興味をもった子どもは毎日遊ぶことはできないのかな？」「1日4、5人という制限は誰のためなのだろう」という意見も出ました。

　室内と廊下の行き来を自由にしたように、感触遊びもコーナーとして人数制限をして設定するのではなく、遊びたいと思った子どもたちが選んで遊べるようにコーナーのパーテションを取り払ってみようという話になりました。

　保育者の間でもさまざまな意見が出ました。「みんなが集まってきて収拾がつかなくなったらどうしよう」や「複数集まってくることで一人ひとりがじっくり遊ぶ環境をつくり出せなくなったらどうしよう」「服が汚れてみんな着替えることになって給食の時間に影響が出たらどうしよう」と不安は尽きませんでしたが、子どもたちの「やりたい」を大事にするため、やってみることにしました。

　いざやってみると、保育者の不安はすぐになくなりました。興味を示して遊びに飛びつく、少し触っておしまいにする、最初から最後までずっと遊び続ける、遊んでいる様子を見ているなどさまざまな姿が見られたのです。

　保育者であれば、「もし〇〇だったらどうしよう」と不安に思うことが山ほどあります。でもその不安があるからと、そこで何もしなければ始まりません。「もし〇〇だったら」を乗り越えようと考えたり、ときには立ち止まったりすること自体にとても大きな意味があることに気づかされます。また、不安に思うことは新たなチャレンジのきっかけにもなるのではないかとも思います。

「なにこれ！？」寒天に夢中な子ども

事例10をふり返って

　保育をしていると、「このままでいいのかな？」「本当にこれでいいのかな？」という疑問に常に悩まされます。しかし、予想外の楽しみ方や遊び方をする子どもの姿から、たくさんの新たな発見・気づきがあります。

　私たちは、"保育者の安心"と"子どものやりたい"の狭間で常に気持ちが揺れます。「〇〇してはいけない」という保育はほとんどないのにもかかわらず、「安全な・落ち着いた・無理のない」保育を優先し、なかなかチャレンジできずに「見えない壁」をつくってしまっているのです。

　「今までこうしてきたから」という理由で保育をするのではなく、なぜこうなのかと原点に立ち戻って考えることや、子ども一人ひとりを大事にとらえることで、子どもたちの「やりたい」を叶える保育を創造していきたいと思います。そして、「もし〇〇だったらどうしよう」よりも、「もっと〇〇してみよう」という保育を楽しんでいきたいです。

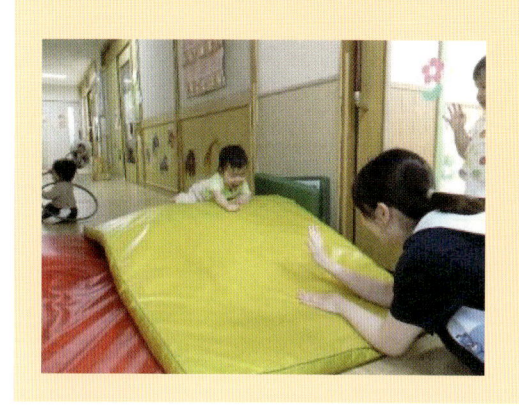

 **編者コメント**

　子どもたちの動きや思いを受け止めるとき、保育者の心中は穏やかとは限りません。「これでいいの？」「もっといい方法は？」「どうしたらいいの？」と迷いの渦が沸き起こっています。この迷いこそに大切な意味を感じ、「不安は新たなチャレンジの助走」とするところに、本事例の大切な意味があります。保育学者の津守真は、「子どもの世界をどうみるか」の中で保育者において「生命的応答」が大切だと説いています。生命的応答をしているからこそ、迷うのかもしれませんね。

習志野市立新習志野こども園（千葉県習志野市）

子どもの "いきいき" を目指して

POINT

遊びを展開するなかで、新しい発見をするプロセスを通じて、保育者が意図しなかった学びや成長が生まれている事例です。保育者と子どもの価値観との「ずれ」を通して、子どもの豊かな感性が引き出されている様子が興味深いです。

平成31年4月1日に2つの幼稚園を統合し、小学校に隣接して開園しました。「明るく元気な子」「思いやりのある子」「なんでもやろうとする子」を教育・保育目標に掲げ、主に園庭に視点を当てた園内研究を進めています。

新習志野こども園では、子どもがやりたいと思ったタイミングで
色水遊びができるように、砂場の横の日陰に机を常設しています。
5歳児の子どもたちが始めた色水遊びを4歳児の子どもたちも興味をもち、
取り組んでいった実践です。

　戸外遊びが始まると、「今日も色水しよう！」と砂場倉庫から自分たちで色水道具を準備して遊び始める子どもたち。遊びに使えるようにと育てていた「つんでもいいよ」という表示のついたプランターからパンジーやビオラを摘んだり、園庭に生えているシロツメクサの花を探したりし、色々な種類や色の草花をすりつぶして色が出る楽しさを味わう姿が見られました。

色水遊びセット。ワゴンに入れ可動式にしている

エピソード❶
「ターコイズブルーはこうやって作るんだよ」

　色水遊びを楽しむ子どもたちのなかに、ひときわじっくりと色水遊びに取り組む4歳児のH児がいました。ある日、保育者も一緒に色水遊びをしていると、赤や紫の色水を作る子どもが多いなかで、H児は青の色水を作っていました。「どうやって、青の色水を作るの？」と尋ねてみると、たくさんのこだわりが詰め込まれていたのです。

　「まずは、黄色と白と紫の花を探すんだよ」と、プランターの中からビオラを摘むH児。「黄色と白も大切だけど、紫が1番大切だよ」と、紫の花びらから青の色が出ていることをしっかりわかっているようです。「花びらを入れるときは、緑のところを取るんだよ！」と言うので、「萼（がく）を取るのね。どうして？」と聞くと、「だって、緑の色が混ざっちゃうか

ら」と、小さな萼を丁寧に取っていくH児。"こんなところまでこだわっていたんだ"と感心しながら、保育者も教えてもらった通りにやってみますが、できたのは灰色のような色。

　不思議に思っている保育者に気づくと、今度は「水の量を増やすといいんだよ！　それは水が少なすぎる！」と言うのです。"灰色になってしまったのはすり鉢に砂が付いていたのか、花びらが足りないのかな……"と思いつつ半信半疑で水を足してみると、とても透き通った青になりました。保育者が驚いていると、H児は、「ほらね！　ターコイズブルーになったでしょ！」と自信たっぷりな様子が見られました。

保育者の予想を超えた子どもの発見

　4歳児にとって、草花をすりつぶすと色が出るという変化が楽しいのだろうととらえていた保育者でしたが、H児が繰り返し色水遊びを楽しむなかで、試行錯誤しながら綺麗なターコイズブルーを作る方法を見つけ出した姿は、保育者の予想をはるかに超えたものでした。このような子どものいきいきした姿を見逃さずとらえ、「子どもが今何を楽しんでいきいきしているのか」を探ることで、目の前にいる子どもの理解を深めていきたいと感じました。

エピソード❷
「大切に」と「やりたい」を大事にして

　子どもたちが遊びに使えるように育てているパンジーやビオラの花は、砂場での料理や色水遊び、氷遊びに使われ大活躍です。「よく楽しんでいるし、もっと花を用意してあげたい」と花壇に植えていた花や玄関に飾っていた花等、園中の花をかき集め、子どもたちが使えるようプランターに移し替えることを繰り返していましたが、花の数にも限りがあります。

　いよいよ花が少なくなってきた頃、子どもたちに花を用意すると、残りわずかの花を無造作にたくさん摘み、水の上に浮かべたり、泥水の中に混ぜたり……。

自分の遊びに花を取り入れる子どもたち

保育者は「せっかく持ってきたのに一瞬でなくなってしまった。じっくり色水遊びを楽しんでいる子どもに花を使ってほしかった」と思ってしまいます。

でも、子どもたちの姿はどうでしょう。プリンカップに水を入れると、水面に花びらが浮かぶことに気づき、「赤、黄色、紫……」といろいろな色の花をたくさん浮かべることを楽しむ子どもや泥水の中に花びらを混ぜ入れると「美味しそうでしょ！」と食べ物に見立ててごっこ遊びを楽しむ子ども、乳酸菌飲料のボトルの中に花びらを詰め込み、ハーバリウムのようなものをつくる子どもの姿がありました。

大人が見ると「雑に使っているな」「もったいない」と思ってしまうような使い方でしたが、そんなつもりはないようで、それぞれが自分の遊びに花を取り入れて楽しんでいたのです。花は色水に使う、大切に使う、という保育者の思い込みがあったことに気がつきました。また、あと少しで花がなくなってしまうから大事に使おう、という先のことを考えるのも、大人の感覚であったことに気がつきました。

あのとき、子どもたちに「その使い方はどうかな」「もったいないよ」と大人の価値観を押し付けてしまっていたらと思うとドキッとします。しかし、ぶちぶちと花を取ったり、遊び終えた花をその辺に捨てたりする姿を見ると、やはり、大切に使ってほしいとも思います。朝顔を子どもと一緒に育てたり、花がら入れを用意することで、使い終わった花がらを片づけられるような環境を整え、花を大切にする気持ちを育んでいきたいと思います。

エピソード❸
「花がもうない！」

> じっくりと色水を楽しんでいたH児らは、どんどん花を摘んでいく友達に文句を言うこともなく、かすかに残っている花や蕾を探して色水遊びを続けていましたが、いよいよ本当に花がなくなってきました。子ど

もたちと育てている朝顔も、まだ咲きそうにありません。そうなることを想定して、保育者はペチュニアを用意していました。「園庭で育てているし、花があることは子どもたちも知っているはず。本当に色水遊びを続けたかったら、使いたいと言ってくるはず。それまで少し待ってみよう」と保育者間で話をしていました。

しかし、待てど暮らせど、子どもたちはやってきません。「このまま色水遊びは終わってしまうのかな……。こちらからまだ花があることを知らせようかな……。」と悩んでいました。

そんなある日、5歳児が園庭にヤマモモの実がたくさん落ちていることに気づきます。それを知ったT児が「色水に使えるかも！」と言うのです。大発見です。早速試してみると予想は大当たり。濃くて赤い色水ができました。これには子どもたちも保育者もびっくりで、「それなに？」「どこに落ちていたの？」と興味津々。

T児に場所を教えてもらうと、「いっぱい集めよう！」と夢中になってヤマモモの実を拾い始め、両手いっぱいに集まると、色水づくりが始まりました。熟しているヤマモモは柔らかく、すりつぶすとあっという間に色が出ます。花びらよりもよく色が出るため、楽しいようでした。

ヤマモモと色水がつながった理由

保育者が子どもたちにペチュニアがあることを伝えていたら、果たして子どもたちは「ヤマモモが色水遊びに使えるかもしれない！」と気がついたでしょうか。色水に使う花がなくなり、困っていたからこそヤマモモと色水がつながったのかもしれないと思いました。また、今回は偶然ヤマモモの実を見つけたため、ペチュニアを子どもたちに知らせることはしませんでしたが、

もしヤマモモを見つけていなかったら、きっとペチュニアを渡していたと思います。教材を子どもたちに渡す効果的なタイミングはいつなのか、見極めていく必要があると感じました。

事例11をふり返って

日々保育をしていくなかで、保育者の想定や感覚等と子どもの姿が異なる場面が多くあることに気がつきました。まずは保育者が子どもの姿や感覚に気づけるようにし、保育者の想定や感覚にもっていこうとするのではなく、保育者の思いやねらいは大切にしながらも目の前の子どもの姿に寄り添ったかかわりをしていきたいと感じました。

編者コメント

子どもたちの発想や想像力が保育者の予想を超える「ずれ」に現れるところがこの事例のおもしろさです。大人には無駄に見える花の使い方も、子どもにとっては意味のある遊びになっていることに気がつきます。また、材料が足りなくなるという状況が、逆に子どもの思考を引き出し、ヤマモモの実を新たに見つけるきっかけになった点も興味深いです。保育者に対して、子どもが自分の発見を誇らしげに話す場面からは、自分がやったことを伝えたい気持ちが感じられ、遊びを通して育つことの意味を感じさせてくれます。

COLUMN 3

子どもの目のつけどころ・ひらめき！を
保護者と共有するために❸

ドキュメンテーション提供：出雲崎こども園　コメント：宮里暁美

> 虫を捕まえたい気持ちと
> 大きくなってほしい気持ち

らいおんぐみ

2020・6・8（金）

気温の上昇とともに、虫の赤ちゃんたちも草原でたくさん飛び交うようになりました。芭蕉園へ行くと、先週よりもショウリョウバッタの赤ちゃんやカマキリの赤ちゃんがたくさんいました。

Rさんは、友達と一緒に虫を捕まえることに夢中になっていました。小さな体で飛び交う虫を捕まえようとするときに、すぐに見失ってしまったり、捕まえるときの力加減に気をつけたりしながら、何度も捕まえることに挑戦します。そして、捕まえた後は手のひらに乗せたり、友達や保育者に見せたりしてから、また芝の上に返します。「虫かごにいれる？」と尋ねると、「んー、でも大きくなってほしい」と答えていました。

虫を捕まえる事をたくさん経験し、楽しんできた子どもたちは、ただ捕まえたい、虫かごに入れて園に持って帰りたいという気持ちから、捕まえることを楽しむことと、大きくなった虫たちに会いたい、そしてまた捕まえてみたいという気持ちに変わってきていました。

大好きな虫と過ごしてきた経験が虫への愛情を育み、やさしく可愛がろう、大きく育ってほしいという気持ちの変化につながったのだろうと思います。

〈5歳児〉 虫に対する複雑な思い

　自分の思いを言葉で伝えられるようになってきた子どもたち。

　捕まえた虫を芝の上に返す姿を見て問いかけたときの答え、「んー、でも大きくなってほしい」に、子どもの思いがあふれています。命あるものへの想いが子どもの中に育ってきていることが記録から確認できます。

子どもの目のつけどころを大事にして、
「あれは何？」を応援できるようになるために、発信が効果を発揮します。
出雲崎こども園のドキュメンテーションから見えてくる「子どもたちの世界」を紹介します。

ぞう組、らいおん組　　　　　　　　2022ねん5がつ30にち（月）

「いっしょに　はこぼうよ」　〜協力して片づける心地よさ〜

運動場でソフトブロックを使って遊んでいたRさんとAさん。片づける時間になったことに気づいたAさんが「いっしょに運ぼうよ！」と声をかけます。

2人は一度にたくさん運びたいようで何個も重ねて運びますがどうしても崩れます。

私なら「もー！！」と声を上げそうですが、2人は崩れる度にケタケタと笑い合い、なかなか進まない片づけそのものも楽しみながら行っているようでした。

子どもたちの中には、面倒くささを感じ始めている片づけですが、友達とおもしろがりながら協力して進める姿に"心地よさ"を感じているのではないかと思いました。

〈4・5歳児〉　片づけも楽しいんだね

　片づけているようで片づけていないようにも見える、何とも楽しそうな姿に「もー！！」と言いたくなる気持ちを抑えて見ていると、「これが楽しいのかもしれない」と見えてきます。

　大人の見方がどうしても硬くなりがちな「片づけ」の場面に、新しい視点を投げかけているドキュメンテーションです。「片づけとは」という思いを、柔らかくする効果がありそうです。

保育と暮らしをつなぐ

子どもたちが過ごす時間のなかにさまざまな彩りがあると
そこで見えてくる子どもの姿も多様になってくるのではないか。

保育と暮らしをつないでみるといつもと同じ場所に
いつもとは違う風が吹いてくるのではないか。

2つの園で行っている教育時間の後の保育の様子を見ながら
そこに流れている空気を感じてください。

教育時間の保育とその後の保育
何がつながっていて何が新しく加わるのか
一緒に考えてみませんか。

　文京区立お茶の水女子大学こども園（東京都文京区）

自分らしく、
くつろいで過ごす夕方の保育

園児は、3号認定27名（0歳児6名、1歳児10名、2歳児11名）、2号認定33名（3〜5歳各11名）、1号認定33名（3〜5歳各11名）、計93名の保育所型認定こども園です。大学と文京区が連携し2016年に誕生しました。

POINT

　通常の教育標準時間とは異なる暮らしのなかで、子どもたちが自らのペースで自由に過ごす時間における子ども同士の交流を大切にする場づくりが行われています。

文京区立お茶の水女子大学こども園では、2016年の開園以来、
「子どもが過ごす1日をデザインする」という観点から
教育標準時間外の保育（夕方の保育）の時間を大切にしています。

開園前に考えた「夕方の保育」をめぐる思い

　開園する際に、職員皆で考えた「夕方の保育」で大切にしたいことは、①異年齢のかかわりを大切にする、②地域社会で行われている遊びの再生を目指す、③さまざまな人やものとのつながりを活かす、④日暮れから夕暮れへの流れに沿う」の4つでした。その考え方のもと、プランを形にしていきました。

担任はシフト勤務で教育標準時間外の保育も行う

　開園準備期間に夕方の保育を担当する常勤保育者がいる園をいくつも見ました。夕方の時間、教育標準時間の担当保育者は片づけや準備に従事していました。認定こども園のあり方として望ましいように思われましたが、一方で2つの保育がくっきり分かれてしまうようにも思えました。そこで、本園はシフト制の勤務とし、クラス担任が夕方の保育も担当することとしました。クラス担任と非常勤職員でチームをつくり、夕方の保育を担当することにより、多すぎない人数の保育者がいることで子ども同士の育ち合いが保たれるのではないだろうかと考えました。

夕方の時間：3つの時間帯の特色

　教育標準時間外の保育では、どのような遊びや生活があるとよいのか、そこに立ち会う保育者はどのようなあり方だとよいのかといった問いを胸に抱きつつ、こども園の日々が幕を開け、試行錯誤の日々を重ねながら、少しずつ「ちょうどいい感じ」が見えてきました。

15:00〜15:30頃／食べたくなった人から食べる「おやつ」

　4・5歳児の教育標準時間を9:00〜15:00としている本園では、夕方の保育の始まりは、おやつです。教育標準時間が9:00〜13:00の3歳児は、午睡から覚めておやつという流れになります。

おやつはこちらから

おちゃっこカフェ開店！

おいしく食べる子どもたち

　夕方保育を担当する非常勤保育者がおやつの準備をしています。おやつを食べる場所を「おちゃっこカフェ」と名付けたことで、保育空間がカフェに変身します。「食べたい」と思って集まってきた子どもたちが思い思いの場所でおやつを食べている姿からは、「くつろぐ」という言葉が浮かんできます。

15:30〜17:00頃／好きな場所で好きなことをして過ごす

　おやつを食べた子どもたちは、誘い合って戸外に出ていきます。

　夕方の時間は何かをさせようとする時間ではなく、子どもたちが何かを始める時間ではないだろうか。ゆっくりその場に身を置いて、空を見上げたり風を感じたり、そんな過ごし方を大切にしたいと思いました。「自分たちに

だんご虫いるかな？

ゆっくり過ごす

自分たちの家づくり

干し柿を作る

任された時間がたっぷりある」と感じた子どもたちは、その場にあるものを集めて、秘密基地のような居場所を作ったこともありました。そこにいる大人も自分らしく過ごします。大人もまた、いろいろなことをして過ごします。たくさん収穫してきた柿の皮を剥いて干し柿を作っていると、子どもたちが集まってきます。生活のなかの営みが、夕方の保育にはよく似合います。

17:00頃〜18:15／迎えに来る人の出入りもまた「彩」になる

17:00頃になると、思い思いに過ごしていた子どもたちが保育室に帰ってきてカードゲームで遊んだり、好きな絵を描いたりしてゆっくり過ごします。

17:30頃から少しずつお迎えの人が来始めます。急いで帰る人もいますが、なかにはしばらくゆっくりしてくれる人もいます。なかなか帰る気にならない孫を待ってくれるおじいちゃんは子どもたちに大人気。子どもたちの様子を見ながら、周りを整えている保育者のそばで、せっせと掃除をしてくれる子どももいました。

保育者が掃除をしていると子どもも

お迎えに来たおじいちゃんに人気集中

夕方の時間：子どもの姿

教育標準時間中のK児は、保育者のそばで友達の遊びを見ているという傾向がありましたが、夕方の時間になると保育者にやりたいことを伝えてじっくり遊びます。ときにはK児が中心になり遊びが展開することもありました。

エピソード❶
夕方に遊びの集大成を迎えるK児（4歳児）

> モルモットのぬいぐるみを持ったK児が「モルモットを散歩させたいから首に紐を巻いて」と言いました。紐を巻いてみましたが何だか苦しそうで、ほかの方法を考えていたときに、空き箱を見て、ベビーカーのようなものを作ることにしました。
>
> 完成したベビーカーでぬいぐるみを散歩させていると、ほかの友達がやって来て、「それなら家つくろうよ！」と中型積み木で家を作り、その家を拠点にごっこ遊びが広がりました。

エピソード❶からわかること

　K児は、教育標準時間中に友達と過ごしながら自分のしたいことを探したり、それを形にしていく方法を探っていたのかもしれません。夕方の時間にそのことを反芻することで形にしていく原動力になり実現していくということにつなげているのかもしれない、という思いが浮かんできます。教育標準時間の中でもやりたいことにじっくりと取り組めるよう援助や環境を工夫していますが、夕方の保育では子どもたちの人数も変化し、この時間帯担当の非常勤職員も加わることで、K児の気持ちに変化が生じるのかもしれません。一人では難しいと思ったことを保育者と一緒に実現したことでうれしさを味わっているように思えました。

エピソード❷
地面を磨くS児（5歳児）

　それぞれの気持ちのままに過ごすことを大事にしている夕方の時間のなかで、床を磨き始めた一人の子の姿を見て「やってみたい」が広がっていきます。夕方ならではの姿だと思われるエピソードです。

　戸外で走って遊ぶことが好きなS児。おやつの後には必ず外に出てサッカーや鬼ごっこなど体を動かして遊んでいました。ところがこの日は、教育標準時間中に近隣の公園に出かけて遊んだためか、外には出たものの、いつものように走り回ることはなく、虫探しをして過ごしていました。しばらくすると「これを取りたいんだけど」と用具置き場に行き、デッキブラシを指差しました。

　デッキブラシを渡すと普段サッカーをして遊んでいる広い場所を磨き始めました。その様子を見てほかの子たちも「私もやりたい」とデッキブラシを持って磨き始めました。磨いているS児たちのそばで、3歳児クラスの子どもたちが砂をまいていました。S児はその様子に気づいてはいましたが、気にすることはなく、自分の場所を磨き続けていました。

　小石も混ざっていたので、保育者が小石を取るために用具置き場へ行くと、砂を巻いていた3歳児たちもついてきて、

「これしたい」とデッキブラシを指差しました。このとき、長いデッキブラシはすでになかったので、短いデッキブラシを渡しました。

　S児は3歳児たちも混ざってゴシゴシと磨いている様子を縁石に座って見ていました。保育者が部屋に戻るか尋ねると、「ううん」と言って、また少しすると地面を磨き始めていました。

　翌日、集まった砂や枯葉を眺めて、「こんなに集まったよ」と保育者に伝える姿がありました。

エピソード❷からわかること

　活発に体を動かして遊んだ記憶が残る体で、外に出てゆっくり過ごしながら、「デッキブラシで床を磨きたい」と言い出したS児の動きに心惹かれます。デッキブラシを置いてある場所は、用務員さんがいろいろなものを作る工房のそばにあります。そこでは、用務員さんが何かを作っていたり、壊れた家具を修理したりしていることがあります。遊びの場所とは少し違う、いわば暮らしの場所的な雰囲気が漂っています。

事例12をふり返って

　夕方の保育の大きな特色は、フェイドアウトというイメージです。それぞれのタイミングで子どもたちが帰っていくということは、場の雰囲気を変える大きな要素となります。先ほどまでと同じ場なのに、違う場に見えてくるのです。保育者の心もちも変わってきます。それによって、場の雰囲気も変わってきます。実践を重ねるなかで、「変える」のではなく「変わっていく」という営み、そして、その真ん中に「子ども」がいる、ということがわかってきました。

編者コメント

　この取り組みは、夕方の保育が預かりの時間にとどまらず、どの時間にもそれぞれの暮らしがあることを子どもたちの姿から伝えてくれています。それぞれのペースで各々の子どもが過ごしていくことの意味や、夕方の静けさ、1日の移ろいと時間経過とともに変化していく柔軟な環境が、子どもたちが日中に得た経験をじっくり反芻し、新たな遊びや学びを展開する契機となっています。

谷戸幼稚園（東京都西東京市）

親も子も小学生も楽しい時間

平成11年の園舎建て替えをきっかけに、子どもたちが主体的に過ごせる保育の実現を目指し、アートと表現を切り口に、日々、生活や遊びの創造を行う実践を重ねています。

POINT

長時間の保育が広がっていくなかで、「預かり保育で大切にすべきことは何？」という問いが生まれます。せっかくやるなら楽しんじゃおう、という思いのもとで展開した豊かな「預かり保育」の事例です。

谷戸幼稚園では、子どもたちが主体的に過ごせる保育の実現を目指すなかで、
「幼稚園ならではの預かり保育って何?」という問いを抱きながら、
子どもの「やりたい!」を大切にし、在卒園児や保護者も参加できるデイキャンプや、
卒園児の放課後の安心できる居場所を展開しています。

月1回のデイキャンプ

デイキャンプが始まったわけ

　延長保育（うさぎぐみ）の月一回の取り組みとして、平成25年から在・卒園児対象の保護者も参加できる「うさぎ de Day Camp !」（デイキャンプ）を実施しています。

　その前は、せっかくやるのなら延長保育がキャンプと感じられるような楽しいものにしようと、毎日テントを張ったり、流しそうめんをしたりしました。しかし、そのようなことを一週間続けたところ、さすがに保育者の負担が大きかったので、その後は月に1回は楽しくやろう！　というかたちになっていきました。

　本来、子育て支援とはどのようにあるべきなのでしょうか。「仕方ないから子どもを預かるなんていう場にはしたくない」「就労という理由だけではなく、気軽に預けてお父さんお母さんのリフレッシュになれたらいいな」「小学生が幼稚園に来てホッとできたり、もっと幼稚園で遊びたいから子どもの希望で幼稚園に残るのももちろんOK」。そんな思いで、みんなが心地よく集い、存分に遊べる場をつくることが幼稚園の役割だと考えました。

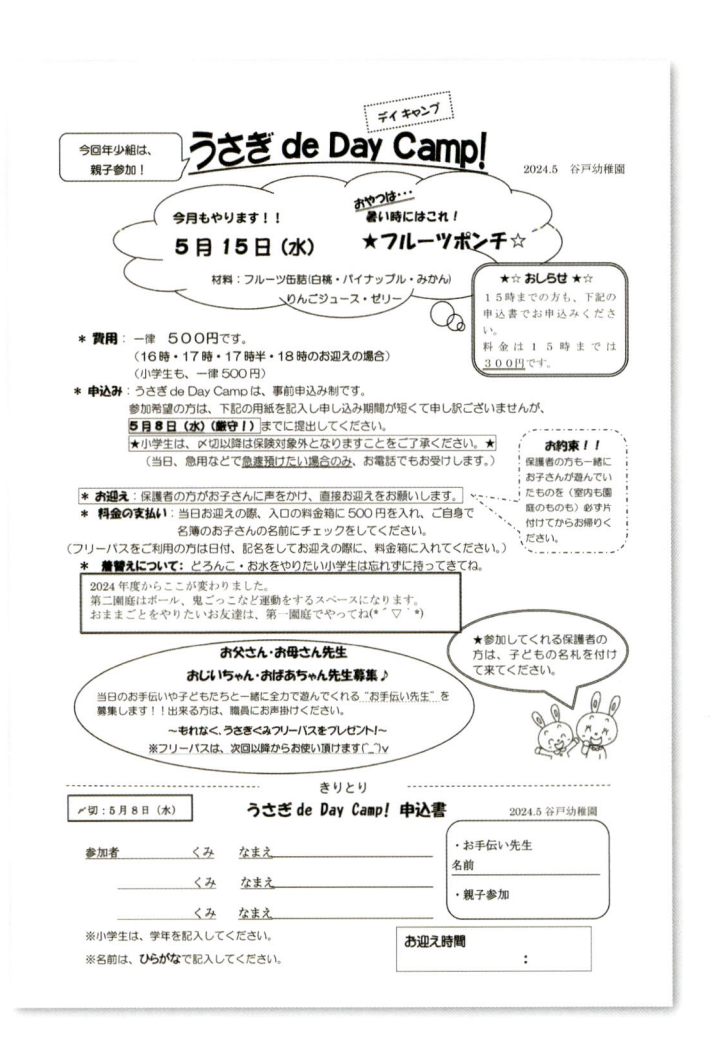

年度最後のうさぎぐみの日は、いつも花火

小学生が加わると遊びもダイナミックに

園庭でおやつをいただく

ゼリーの容器を洗う園児と小学生

最後はみんなで掃除

デイキャンプに込めた思い

　デイキャンプを周知する手紙は133ページに掲載したようなものです。小学生には園のホームページで知らせ、毎回60名ほどの参加があります。当日はお父さん・お母さん先生も参加しています。

　大人たちには子どもの頃に帰ったように思いっきり遊んでもらい、また、手作りのおやつを作ってもらいます。デイキャンプがスタートして初めにつくったおやつはホットケーキでした。以来、毎年4月のおやつはホットケーキで、200枚ほどをひたすら焼いてもらっています。

デイキャンプ当日の様子

　子どもたちもデイキャンプの日はよく働きます。トウモロコシの皮をむいたり、ジャガイモを洗ったり、フルーツ缶詰の缶を洗ったり、ゼリ

ーの容器を洗ったりします。

「誰かやる？」と呼びかけると、「いーよー。やるやる」と気持ちよく引き受けてくれます。日常の保育のなかでも生活のなかに「食べること」があるので、準備も片づけも自分のこととして、当たり前のように動けるのでしょう。

デイキャンプに参加してくれたお父さんやお母さんからは、「子どもたちと遊べたことが何より楽しかった」「子どもの成長を知ることができた」「おやつ作り中のおしゃべりで、おやつのレパートリーがふえた」「小学生になっても遊びに来られるチャンスをありがとう」などの声が寄せられています。大人もコミュニケーションの広がる場になっているようです。

その後の様子

3月には、おじいちゃん先生やおばあちゃん先生も来園してくれて、コマ回しやあやとりなどの昔あそびを楽しんでくれました。子どもを幼稚園に預けて仕事をしたり、自分の時間を取り戻したり、どのような理由も大切です。子どもと幼稚園で一緒に遊んだり、おやつをつくりながら大人同士の会話を楽しむのもとても大切です。保護者は単なる利用者ではなく、それぞれが自分らしく園生活を過ごせることが、子どもも安心できる豊かな土壌をつくるのではないかと思います。

小学生うさぎ

小学生うさぎの概要

園児の降園後の14：00〜18：00に実施しています。月曜日から金曜日まで毎日実施しており、長期休み（春・夏・冬）にも利用できます。小学校から幼稚園には本人だけで帰ってきますが、園へのお迎えは、保護者または中学生以上の兄姉としています。申し込みは、電話か直接窓口で申し込むという方法をとっています。

小学生うさぎの様子

小学校から園に帰ると、宿題をしたり本を読んだり、園

園児と小学生が一緒に遊ぶ

遊具のペンキ塗り

テキパキとお手伝い

庭でも遊びます。園児にとっては大きいお兄さんやお姉さんとして、頼れる存在になっています。

　年に一度、6月に行うお祭りでは小学生ボランティアを募集し、お店の発案から約1か月間にわたる準備、当日の運営、片づけまでを担ってもらっています。"自己肯定感"を十分満たすことのできる活動の場で、リピーター続出中です。

宿題をする小学生

小学生うさぎに込めた思い

　「預けたい時に預けられる場にしよう」という預かり保育の考え方は、小学生うさぎについても同じです。小学校に入学した直後、わが子の預け先がなくて困ったお母さんから「保護者会の間だけ預かってほしい」と相談があり、お預かりしたことがはじまりでした。実家も遠く、近くに子どもを預かってもらえる先がない保護者にとって、幼稚園は安心してわが子を預けられる場であったと感謝されました。核家族が主流の今、必要な役割だと考えさせられました。

また、「ちょっと今学校に行けてなくて……」という相談が保護者からあった際には、日中にその子にお兄さん先生として園に来てもらい、保育者のお手伝いをしてもらったこともあります。どんなときも困ったら相談してほしいし、できることはサポートしたいと考えています。

「学校は、木登りできないんだ」と小学生

事例13をふり返って

園は子どもたちを迎えに来るお母さんやお父さんが帰ってきたときに、ほっとひと息つける場でありたいと願っています。それは、仕事や買い物、リフレッシュ先、介護の現場、どの場所からの帰りでも変わりありません。

「預かり保育って大変」「預かりを担当してくれる人がいない」という声を耳にすることがあります。そんな声を聞くと「えっ？こんなに肩の力が抜けて、素のままの自分を出して遊んでいる子どもを、『楽しそうだな〜』『おもしろそうだな〜』って見守っていることって、とっても幸せなことなんだけどなぁ〜」と不思議な気持ちになります。これからも、やりたいことがいっぱいです。

（預かり保育担当者の声）

編者コメント

　預かり保育の場に保護者や卒園児を巻き込んで展開する月1回のデイキャンプに参加したことがあります。園庭にかまどができて火が焚かれます。子どもたちや保護者たちが大鍋で茹でるジャガイモを洗っています。ジャガイモが美味しく茹で上がる頃には小学生が集まってきました。おいしい時間をともにしながら、子どもたちは遊び、親たちは語り合っています。豊かで温かい時間の中に、新しい保育の可能性、子育てを喜び合う暮らしのあり方が見えるように思います。

COLUMN 4
小学校教員から見た子どもたち

事例提供：前大田区立嶺町小学校長、大田区立嶺町小学校教員　コメント：田島大輔

虫探しから

　3、4歳児クラスの子どもたちの中で、「虫探し」がブームになっています。登園すると、小さなシャベルとカップを持ってきて、土を掘り返し、ダンゴムシやゲジゲジを見つけて捕まえては喜んでいます。大人は「いつもそんなに見つかるはずはないだろう」と高を括っていると、とんでもない。連日、ものすごい数の虫を見つけてきます。その集中力と虫を探し当てる能力の高まりには驚かされます。

　3歳児のバス遠足でのことです。水族館からの雨の中での帰り道、ある男の子が突然止まってブロックの隙間をじっと見ていたと思ったら、「ダンゴムシがいた！」と大声をあげました。「えっ？　今、バスに向かって歩いているときなんだけど……」というのは大人の発想で、彼にとっては、どんな状況下であっても、黒い小さなものが視界に入ると、脳は途端に虫探しに切り替わってしまうのです。その後も、じっと下ばかり見て次のダンゴムシを探していました。

　また、2歳児のなかに「魚博士」と呼ばれている子どもがいます。すでにたくさんの魚の名前を覚えています。文字はまだ読めないというのに、図鑑を指差すと、何という魚でその魚にはどんな特徴があるのかを教えてくれます。もちろん、お家や園で大人に聞いて得た知識だとは思いますが、その知識力たるや、園の大人のなかにも敵う人はいません。

　子どもたちの興味をもったことにこだわる力はすさまじいものを感じます。もちろん、小学生にも、〇〇探し名人、〇〇博士はいます。しかし、それが、2歳や3歳からすでに存在しているというのには驚きました。

　他にも、日々、子どもたちのすごさに驚かされ続けています。もちろん、自分の興味・関心だけを深め、広げていけばいいというわけにはいきませんが、長年勤めていた小学校教育をふり返ってみると、低学年でも時間的な余裕をもって、多様な体験活動を通して学んでいければ、子どもたちがすでにもっている力が活かされ、学習者主体の学習を展開していくことができるのではないかと思いました。

　子どもたちが、小学校に行っても、園で培った力を発揮していきいきと学び続け、自分の力を今と同じように発揮していくことを願うばかりです。

立場や環境が違っても、驚きや発見の眼差しで子どもの姿をとらえる。
そのような出会い方や見方をもっていると、子どもの姿はさらにおもしろく思えてくる。
場所の違いがあっても、変わらないのは子どもの姿である。

発表大好き！ 育ちの連続性を感じる入学してすぐの姿

　1年生のはじまり。初めての学校、初めての先生、初めての勉強。初めての連続で、4月はみんなドキドキしながら学校生活を送っています。朝はお母さんと離れるのが嫌で泣きながら学校に来る子もいました。朝の呼名では蚊の鳴くような声で返事をする、とびきり恥ずかしがり屋の子も。

　そのような子どもの実態から、教師からの問いかけに手を挙げて答えられるのは、もともと積極的な性格の一部の子だろうと思っていました。少しずつ成長すればいいと自分に言い聞かせながら、「これ、なんだと思う？」と問いかけました。すると……、なんと一斉に手が挙がったのです。朝泣きながら来るあの子も、恥ずかしがり屋のあの子もです。これには驚きました。やる気いっぱいで学校に来てくれているんだなと、とても嬉しくなりました。自分の考えをしっかりもち、発表することを楽しめる、素敵な1年生です。

　写真は帰りの会でクイズ大会をしているところです。6月には国語の学習でクイズを自作し、全員が発表と受け答えを楽しみました。その後はクイズ係が発足し、子どもたちが自ら毎日クイズを楽しむような活動も展開されるようになりました。

子どもの姿から見えてくる連続性

　子どもたちの育ちは小学校へ入学しても連続しています。もちろん当たり前のことではあるのですが、その当たり前は、見方や場所が変わると当たり前ではなくなることもあります。

　子どもの「やってみたい」「やりたい」という意欲や気持ちを大事に応援していく大人であるために、幼稚園・保育所・認定こども園から小学校へと姿や育ちをつなげていく大切さを大事にしていきたいものです。

子どもの中で
動いたことを大切にすると
保育が楽しくなる

田島大輔　　　　中村章啓　　　　宮里暁美

"保育者が楽しむ"がキーワード

やりたいことに対して能動的に動き出す

宮里　子どもの思いが輝く遊びや生活に焦点を当てて、いろいろな実践事例を紹介してきました。これらの姿が生まれてくる背景というか、大事にしたい思いについて、自由な感じで語り合ってみたいと思います。

中村　僕は、保育者が子どもを動き出すように誘導するというのはどうかな？と思っています。保育者は、子どもをというよりも自分が楽しむことを優先にしているかもしれませんね。

田島　子どもが動き出すためには、「保育者自身が楽しむ」ことがキーワードになっていますか？

中村　副園長という私の立場では、保育者がいかにリラックスして楽しんで保育実践や準備ができるかを重視しています。保育者が子どもとかかわっているのを肩越しに並んでのぞいて「楽しそうだね」といえるやりとりができる職場環境をつくりたいなと思っています。それができているときは保育がうまくいっている証ではないでしょうか。

田島　うまくいっているということは、子どもがやりたいことに対して能動的に動き出せているということですよね。

宮里　中村先生のお話から、子どもが動き出すことだけではなく、動かない

ことも含めて、大人がいきいきしている、自分らしくいることが大切だと思いました。公立幼稚園に勤務していたとき、自分の心や体が固くなってしまっていた時期がありました。あのとき、自分のすることに自信がもてなくなって、どうしていいかわからなくなって、自分で自分を硬くしていたように思うんです。

田島 言葉ではみんな「子どものやりたいようにやらせる」と言いますが、これは結構難しいですよね。今回のテーマ「ずれる」にはさまざまな要素が含まれていますが、当たり前ですが、ずれることを目指しているわけではありません。

中村 子どもたちは常にいろいろなことを試している感じがします。その試している姿も、たまに固まっているように見えることがあります。保育者としては、その姿も尊重したいです。あと5秒間待ったら子どもが動き出すかもしれないときに、保育者が不用意に声をかけたり背中を押してしまうこともあります。

宮里 保育現場はそういうことの連続です。ちょっと早まったと反省したり、もうちょっと様子を見ようと思っていたら、時を逃してしまったというときもありましたね。そんな経験を重ねつつ、あっやっちゃったなと思ったら修復できることも学びました。

中村 修復ですか。

宮里 そうですね。声をかけたら変な感じになっちゃったと思ったら、ごめんごめんと撤退したり、そういう感じの修復です。また、すぐに応じられなくても子どもたちが本当に求めていることであれば、もっと言ってくるだろうと思うときがあります。保育って、この援助のタイミングを逃すと絶望的にダメというほど深刻なものではないように思うんですよね。

田島 宮里先生が言われたように、「この瞬間を逃したらおしまいではないか」というのが、保育者にとっては恐怖感や硬さにつながってしまう気がしますね。

保育に深刻さは似合わない

宮里 「子ども主体」が大切という空気が広まっている気がしますが、それに対して「もうどうしていいかわかりません」と途方に暮れている声も聞くんです。これってどうなんでしょうね。子どもは深刻ではないし、保育に深刻

さは似合わない気がするんですけれど。

田島　野中こども園に見学に来る保育者の方には、深刻にとらえている方はいますか？

中村　いますね。宮里先生が言われたように、「こうしなくてはならない」と考えが狭くなっています。当園の取り組みを見て、「○○しなければならない」と、実際とは正反対にとらえています。

田島　時間が許すのであれば、見学者として保育に入ってもらって、現場の保育者の空気や呼吸みたいなものに触れてもらえるといいんですけどね。言葉で説明しても伝わりにくいですよね。

宮里　言葉で理解してわかったつもりになるというのがとても危ないですよね。田島先生は呼吸と言われましたが、呼吸、大事だと思います。

システム論で考えると「ねばならない」が出てくる

中村　他園に自園の職員を連れて行くことがありますが、どの園も本質的な部分に違いはないと感じます。でも、自園に見学に来られた方は、「この保育園は（参考にする・真似をするのが）難しそうですね」と言います。そのあたりがちぐはぐだと感じます。私は、保育者の動きを「自然体ですね」ととらえてくれるほうがいいんですけどね。

田島　システムや方法でとらえようとすると、急に「〜しなければならない」という話になるんですね。子どもが能動的に動き出すのは、どの園でも見られる姿だと思います。

宮里　ある研修で、「子どもがやり始めたことを大事にすることを心がけると、たとえ園の環境が変わらなくても保育は変わると思うんです」という話をしたら、後日「自分の心もちを考えて子どもへの接し方を変えたら、たしかにちょっと変わりました」と教えてくれた方がいました。すごくうれしかったです。そういう「ちょっとやってみる」の積み重ねが保育を豊かに変えていくと思うので。

田島　「ずれ」というよりは「気づく」「発見する」ということですね。保育者は、「子どもがどんなことを感じているんだろうか」「何を試しているんだろうか」と観察しながら寄り添っていますが、「ちょっと違った」「でもこうやっ

どの園も本質的な部分に違いはないと感じます

たらおもしろかった」「また違った」「そうだったんだ。そんな感じでトライしたのね」ということの連続だと思います。私もいろいろと子どもたちに提案していましたが、子どもたちは「つまんない」と拒絶してくれるので自分は「ピントが合ってないんだな」とわかります。「ずれる」ことを恐れていると、「〜しなければならない」になりやすいですね。自分なりにふり返るとか立ち止まり、ずれをおもしろがりたいです。

宮里　自分たちの中ではこれがちょうどいいと思っていても、いろいろな人と話をすると、自分たちの当たり前はそれほどの当たり前ではないと知ることができます。ですから、いろいろな人と出会ったり、いろいろな実践に触れたりするのは大切だと思います。

田島　他園の人と話をすると、「そうか」と思ったり安心したり、「いやそうじゃないかも」と多面的な見方や考え方をするようになります。

中村　すぐれた実践をしているといわれる園を見学すると、感銘を受ける一方で「私たちの感覚だとこういう感じ」と、自園の実践を言語化するようになり、保育に深みが生まれます。

田島　本書は多くの実践を掲載していますので、自園の保育について立ち止まって考えるきっかけとしてほしいですね。

「ずれる」ことを恐れていると、「〜しなければならない」になりやすいですね

保育を楽しくするために

場のもつ力がなせる業

中村　保育はもともと楽しいものですよね。もちろん園としての責任はありますが、気を楽にして解放された状態で子どもとかかわったほうがおもしろいと思います。

田島　肩の力を抜いたほうがおもしろくなるということでしょうね。宮里先生はどう思いますか？

宮里　「耳を澄まして目を凝らして」を、モットーにして日々子どもと接しているのですが、私が「ああ、おもしろい」と思うのは、子どもの声が聞こえてきたり、子どものつぶやきで笑わされたりするときです。今回いろいろな

事例を読みながら「へえ、子どもってこんなこと考えるんだ」と感心することがたくさんありました。「子どもたちが遊べません」「何もやりません」「だからもう大人が何かしてあげないとだめです」という意見を聞くと、「子どもにはこんなにすごい力があるんです」と伝えたくなります。

中村　子どもに対する自分の想像や見立てが大きく裏切られたとき、「そうくるか」と楽しくなります。ある程度予測をしながら子どもにかかわり、余計な口は出さないようにしていますが、子どもって、全然違うこと始めるじゃないですか。子どもって、ちょっとした創作物を作ると、制作途中ではものすごく楽しく遊ぶのに、完成すると遊ばなくなる。

田島　そうですよね。

宮里　ごっこ遊びでの子どもへの声かけは、どうやったらいいですか？　と質問されたことがありますが、声かけ自体が問題ではないように思うんです。

田島　そういう人はいらっしゃいますね。例えば、ごっこ遊びの場面をふり返って、「あの時どうして○○というセリフを？」という話題になりますが、その場の雰囲気でとしか言いようがないんです。

中村　私も園に見学に来られる方から聞かれることがありますが、それは保育者と子どもたちの関係性やその場の状況から生まれるやりとりなんです。理由なんかないんですね。

宮里　子どもたちと保育者がかかわり合う状況の中で言葉が発せられて動きが生まれる。言葉って応答的なものですものね。「言葉かけ」っていうと、直接的な援助のように感じられますね。

田島　こういう声かけをすると子どもはこう動く、と理論的に理解しようとすることは限界がありますよね。

宮里　「そういう状況だと、子どもは○○をしたり、□□をしたりしますよね」とは言えるけれど、「こういう場合にこのように声かけをすると、子どもはこうなります」なんてわからないなぁ。

田島　状況や環境は作れますが、そこで起こったことを再現するのはあまりおもしろくないですね。

宮里　予想したり、思いをめぐらせたりはするけれど、断定しないよ、だっ

予想したり、思いをめぐらせたりはするけれど、断定しないよ、だってわからないからね

てわからないからね。予言者になってはいけないと思う（笑）。保育はそういう話じゃないよねって言いたい。

遊んでいること自体を楽しむ

田島　声かけの再現性の話になりましたが、遊びについても同じです。遊びを理論的に考えている人が多いです。

中村　遊んでいる状況そのものを楽しめばいいのかなと思いますね。

田島　保育は「遊びを通して」行われるから「遊びが大切」と理解しているんだけど、「遊ばせなきゃいけない」と考えてしまうんですね。

中村　「遊ばせる」って、矛盾していますよね。

宮里　遊びほど、自主的で主体的なものはないですものね。

田島　おもしろいことが起こるためには何をするべきかという思考ですね。何となくおもしろいから遊びなんです。どうやったらおもしろくなるかではないんですね。

中村　以前、田島先生と行ったシンポジウムで、子どもが能動的に動いていることをサポートしようとしている事例がありました。その事例は、子どもの知りたかったことと、保育者のアプローチがずれていて、それが逆におもしろかったんです。ですから、事例提供者に「かみ合ってなくておもしろいよね」って言ったら「かみ合ってなくておもしろいと感じるのはありなんですか？」という反応がありました。ずれたことでおもしろくいきいき子どもが動いているのだから、肯定的にとらえればいいと思うんです。でもそのときは、違和感をもって受け止められてしまいました。

田島　保育では、実はこういうことだったと後で気づくことがたくさんあります。すると、「ずれていた」「わからなかった」ことを後悔するんです。そこで「後悔したことがおもしろいし、そんなことに気づいたのがすごいよね」と話したら、「後でわかっても大丈夫なんですか？」と言われました。おもしろいことをつくっていかなければならない、子どもを能動的にするための秘訣があるんじゃないかと思われますが、そんなことはありません。

中村　その事例では、保育者からのアプローチに左右されず、子どもは自分のやりたいことを続けました。だから保育者は、いつまでも子どもの気持ちを汲み取れませんでした。

宮里　私が保育者として最初に務めた園で研究保育をする機会がありました。

まだ新任保育者で、何をしたらいいんだろうと悩んでいたときに、副園長の藤野敬子先生からいただいたアドバイスが心に残っています。「あなたのクラスの子どもは、あなたが何かつまらないことしたらいなくなるでしょう。ノーと言える力が育っている限りは、あなたがやりたいことをやればいいのよ」というアドバイスでした。先ほどの事例の「意見の異なることをあれこれ言っても、先生はわからないだろうからと思って子どもが遊び続ける」というのと、ちょっと似ていますよね。子どもと保育者が横並びにいて互いに育ち合ってる感じがいいな。

肩ひじ張らずに保育をおもしろがる

保育のおもしろさの入り口に立つ

田島　保育者自身が気づこうとすることも大切です。

宮里　「子どもっておもしろいな」と思ってかかわっていると、気づく力が養われると思います。

中村　保育者の想像を超える子どもの行動は、保育の醍醐味ではありますが、手放しで楽しんでいるかというと、そうでもないようです。

宮里　担任ではない、フリーの立場で外から見ているほうがより楽しめるというのもあるかもしれないですね。

田島　一度そういうことを体験すると、保育のおもしろさの入り口に立った気がするんです。子どもを管理しようとすると見えなくなったり、少し引くともっと見えなくなったりするんですが、この体験がずれを楽しむことにつながると思います。一方で、中村先生が言ったように、保育者が不安を取り除くのはそんなに簡単ではない気もします。

中村　保育者もずっと揺れています。何かをつかんだ、安心できたと思ったら、また不安になったりして……。私自身も同じですが、子どもたちの姿を写真に収めるときの距離感も、遠くなったり近くなったりしておもしろいなと思っています。

田島　以前、宮里先生は「揺れるっていうことは専門性に近づこうとする行為だ」と言っていたのを思い出します。ただし保育者は、わざとずれることをしているわけではないということは気をつけないといけないと思います。

おもしろがれば、おもしろいことがたくさん起こる

中村　まとめ的な話になりますが、私が昔映画を作ったり絵を描いたりしていたときの経験と重ねると、保育もこれらの表現活動と同じように、なりゆきに任せる面があると思います。

田島　正解のないところに向かっていく感じですね。

中村　おぼろげなイメージはあるかもしれませんが、素材と向き合っていくうちに、本来引きたかった線とはちょっとずれたんだけど、こっちのほうがかっこいいかもしれないからそれを活用して描いたり、粘土遊びについても、当初つくりたかったイメージがあったとしても、次第につぶれて形が崩れても、それはそれでおもしろがって粘土を付け足していくというように、子どもたちはなりゆきでおもしろさが見えてくることを自然にやっていますね。自分のイメージ通りにならなかったとしても、今の自分はこれがすごい好きというのがある気がするんです。保育が子どもと保育者、環境との関係性から成り立っていると考えると、保育者が想定したとおりにはなっていないけれど、見えてきた関係性について納得できればいいのではないかと思っています。

宮里　保育の場面には何かきっかけがあったり、登場人物がいたり、状況があったりしますが、そこから先はいろいろ起こり得ます。かつてはそのようにして起こることに対して予想したがる自分がいました。それがあるとき、

予想すると硬くなってしまう自分に気づいて、予想の仕方をゆるくしました。でも、最初からずれを期待しちゃうのもちょっと違うように思う。「ちゃんとやりたい」「予想どおりにやりたい」ぐらいの気持ちは軽くもっていて、でも子どもの声に耳を傾けて道を歩んでいたら「どうしてあの先生のクラスはあんなにおもしろいことが起こるんだろう」「あの園はいつもおもしろい事例が出てくる」というようになっている。そのように、保育者もゆっくり育つ、そういう中で育まれるものを大事にしたいですね。

田島　保育者が不安や怖さに恐れないことも大切です。でも、そうならなきゃいけないわけでもありません。何かのタイミングでつかんでいくだろうぐらいに考えておくあいまいさも大切です。

宮里　本書の事例も、ちょっと笑いながら付き合っていただけたらうれしいです。

中村　おもしろがっていると、おもしろいことがたくさん起こる気がします。

宮里　そうそう。

田島　どうやっておもしろがるか、自分の身体を整えておきましょう。

中村　そうですね。肌感覚ですかね。

宮里　そんな感じです。

（収録日：2024年6月24日）

編集者紹介・事例執筆園一覧

編集者紹介

宮里暁美 みやさと・あけみ
お茶の水女子大学お茶大アカデミック・プロダクション寄附講座教授
……刊行にあたって／第1章第1節／第2章事例4.5.6.7.8.10.13 POINT・編者コメント／座談会

田島大輔 たじま・だいすけ
和洋女子大学人文学部こども発達学科助教
……はじめに／第1章第3節／第2章事例1.2.3.9.11.12 POINT・編者コメント／座談会

中村章啓 なかむら・あきひろ
社会福祉法人柿ノ木会 野中こども園副園長
……第1章第2節／座談会

事例執筆園　※園名等および執筆者名（敬称略）

事例1　株式会社なーと こどもなーと千里丘保育園（大阪府摂津市）
　　　　和泉誠（代表）、塩飽和也（施設長）

事例2　京都市立中京もえぎ幼稚園（京都市中京区）
　　　　中岡雄介（教頭）

事例3　文京区立お茶の水女子大学こども園（東京都文京区）
　　　　栗原結海（保育士）

事例4　社会福祉法人柿ノ木会 野中こども園（静岡県富士宮市）
　　　　中村天（保育教諭）

事例5　社会福祉法人幸和会 いわら保育園（福岡県糸島市）
　　　　吉留ゆかり（副主幹保育教諭）、青木瞳（副主幹保育教諭）

事例6　社会福祉法人道心 あそかこども園（静岡県駿東郡）
　　　　棚瀬美穂（保育教諭）

事例7　社会福祉法人こまつ会 乙房こども園児童クラブ（宮崎県都城市）
　　　　刀坂弘毅（施設長）

事例8　佐賀女子短期大学付属ふたばこども園（佐賀県佐賀市）
　　　　田中綾子（主幹教諭）、八坂香菜美（保育教諭）、小松美寿々（保育教諭）

事例9　学校法人めぐみ学園 風の丘めぐみ保育園（東京都世田谷区）
　　　　大野じゅん（園長）

事例10　NPO法人子育て台東 台東区立ことぶきこども園（東京都台東区）
　　　　太田千晴（保育士）、岡友理（保育士）

事例11　習志野市立新習志野こども園（千葉県習志野市）
　　　　白坂優妃（保育教諭）、熊田奈津子（教頭）

事例12　文京区立お茶の水女子大学こども園（東京都文京区）
　　　　宮里暁美（大学教員）、松本自子（保育士）、松田千嘉子（保育士）

事例13　学校法人裕学園 谷戸幼稚園（東京都西東京市）
　　　　猪股佳子（フリー主任教諭）

コラム1　本間桃佳（社会福祉法人浄勝会 出雲崎こども園保育教諭）、馬場真代（社会福祉法人浄勝会 出雲崎こども園主幹保育教諭）

コラム2　山崎紀子（社会福祉法人浄勝会 水道町保育園主任保育士）、山添さくら（社会福祉法人浄勝会出雲崎こども園保育教諭）

コラム3　髙木香澄（社会福祉法人浄勝会 出雲崎こども園園長）、馬場真代（社会福祉法人浄勝会 出雲崎こども園主幹保育教諭）

コラム4　吉藤博和（台東区立ことぶきこども園園長、前大田区立嶺町小学校校長）、難波佳成江（大田区立嶺町小学校主任教諭）

「ずれ」を楽しむ保育

子どもの思いが輝く
遊び・生活

2024年12月20日 発行

編集	宮里暁美、田島大輔、中村章啓
発行者	荘村明彦
発行所	中央法規出版株式会社
	〒110-0016 東京都台東区台東3-29-1 中央法規ビル
	TEL 03-6387-3196
	https://www.chuohoki.co.jp/
印刷・製本	株式会社ルナテック
装幀・本文デザイン	相馬敬徳（Rafters）
イラスト	みやい くみ
座談会写真	島田 聡

定価はカバーに表示してあります。
ISBN978-4-8243-0107-9

本書の内容に関するご質問については、
下記URLから「お問い合わせフォーム」にご入力いただきますようお願いいたします。
https://www.chuohoki.co.jp/contact/

A107